예언자의 땅

Islamic World

AD 570 - 1405

타임라이프 세계사 11 _ 이슬람

예언자의 땅

Islamic World

AD 570 - 1405

타임라이프 북스 지음 | 고형지 옮김

:: 차례

예언자의 땅

아라비아 펠릭스
— "행복한 아라비아"
이슬람의 개관과 연표

얼핏 봤을 때, 아라비아 반도는 세계의 위대한 종교, 문화 그리고 정치적 변혁이 일어날 발상지처럼 보이지 않는다. 아프리카와 아시아 사이에 비좁게 자리잡은 이곳은, 259만km² 이상의 대지가 쐐기 모양으로 갈라질 정도로 매우 더운 지역이다. 그 까닭에 유목민족인 베두인들만이 이곳을 오고갈 뿐이었다. AD 7세기경 아라비아 주민들의 삶은 수천 년 전의 삶과 별반 다르지 않게 이어지고 있었다. 목초지와 오아시스를 오가는 끝없는 여행으로 점철된 그들의 생활에서는 변혁을 꿈꿀 수 없는 미래상을 찾을 수가 없다. 다른 지역을 휩쓸고 지나간 변화대열에 합류하지 못한 아랍 인들은 제국국가와 같은 당시의 정세에 거의

무지했다.

그러던 633년, 아라비아 부족민들은 역사에 족적을 남기기 위해 세상 밖으로 뛰쳐나왔다. 예언자 무함마드의 통일된 기치 아래, 아랍 전사들은 현생의 전리품과 내세의 낙원이라는 2개의 약속에 이끌려 고국의 사막에서 풍요로운 이웃 땅으로 난입을 시작했다.

시리아와 팔레스타인에 이어, 이라크, 이집트, 페르시아가 차례로 굴복했고, 이것은 모두 과거 대제국을 형성했던 비잔틴 제국(동서로 분열한 중세 로마 제국 중 동방 제국—옮긴이)과 사산 왕조(중세 페르시아의 왕조로 배화교를 믿는 신정국가—옮긴이)의 영토였다. 100년 후, 무함마드의 추종자들이 완성한 제국의 국경선은 안달루시아에서 인도 지방에 이르렀다. 그리고 무슬림들은 이 광활한 영토 곳곳에서 하루에 다섯 차례 아라비아의 메카를 향해 아랍 어로 "알라만이 유일한 신이며, 무함마드는 그의 예언자이다"라고 기도했다.

음지의 역사를 박차고 나와 세계의 무대를 대담하게 활보하는 이들은 과연 어떤 민족일까? 그들의 기원은 유

570	610	622	630
무함마드 탄생.	무함마드가 예언자임을 자각한 전설상의 시기.	무함마드와 그의 추종자가 메카에서 메디나로 이주(헤지라). 이슬람력에서 원년에 해당함.	무함마드의 메카 탈환.

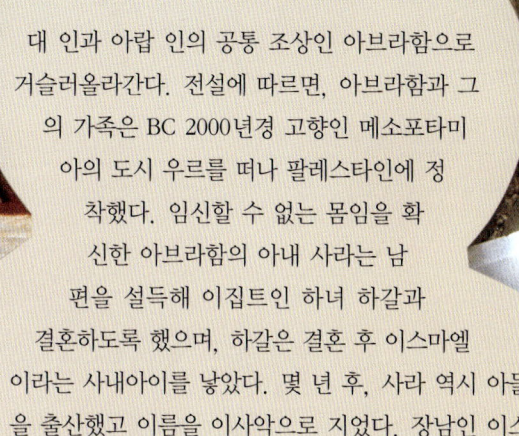

대 인과 아랍 인의 공통 조상인 아브라함으로 거슬러올라간다. 전설에 따르면, 아브라함과 그의 가족은 BC 2000년경 고향인 메소포타미아의 도시 우르를 떠나 팔레스타인에 정착했다. 임신할 수 없는 몸임을 확신한 아브라함의 아내 사라는 남편을 설득해 이집트인 하녀 하갈과 결혼하도록 했으며, 하갈은 결혼 후 이스마엘이라는 사내아이를 낳았다. 몇 년 후, 사라 역시 아들을 출산했고 이름을 이사악으로 지었다. 장남인 이스마엘 때문에 이사악이 그늘에 가릴 것을 염려한 사라는 아브라함을 꾀어 하갈 모자를 내쫓도록 했다.

결국 아브라함은 하갈과 이스마엘을 메카 인근 히자즈로 알려진 아라비아의 서부 산악지역으로 데리고 가 대상의 숙소에 버려둔 채 되돌아왔다. 하갈과 이스마엘은 지독한 곤경에 빠지고 말았다. 아브라함이 남기고 간 양식은 바로 동이나버렸고 마실 물도 바닥을 드러내고 있었다. 그러던 어느 날, 물을 찾아 모래사막을 헤매던 어린 이스마엘 앞으로 깨끗하고 시원한 샘물이 콸콸 솟아올랐다. 이 샘은 나중에 잠잠이란 이름으로 알려진 곳으로, 무슬림의 순례지가 되었다. 그리고 아브라함은 하갈 모자를 방문하기 위해 메카로 되돌아온 뒤, 아들 이스마엘과 함께 이곳에 유일신에게 바칠 제단을 건설했다. 수세기가 지난 후, 이것은 이슬람의 성지인 카바로 숭배받게 된다.

결국 이스마엘은 메카 여성과 결혼하여 아랍 인 자손을 낳은 반면, 이복동생인 이사악의 후손들은 유대 인이 되었다. 이스마엘의 후예들은 메카 너머로 이동했고, 그중 일부는 아라비아 반도 남단의 고원지대까지 진출했다. 아라비아 남부의 자연조건은 북부보다는 덜 혹독했다. 남쪽 땅은 매년 여름마다 주기적인 몬순의 영향으로 대략 80m 정도의 비가 내렸다. 이 소중한 물은 농민들에 의해 조심스럽게 관리되었는데, 땅 위를 흐르는 빗물은 저수지에 저장되거나 관계 수로를 따라 보리, 밀, 멜론 그리고 아몬드와 같은 주요 산물들이 재배되는 산악 경사지의 계단식 밭으로 흘러들어갔다.

세월이 흘러 남부 아라비아의 농촌들이 날로 번창하자,

거대한 왕국들이 산 정상에 형성되기 시작
했다. 각각의 왕국들은, 청금석과 황금으로
치장된 설화석고 조각들이 가득 들어찬 석
조 궁전들을 뽐내듯 건설했다. 어느
궁전의 지붕은 투명한 대리석판 하
나로만 이루어져, 실내 천장을 통
해 연이 날아다니는지 까마귀가 날
아다니는지 분간할 수 있을 정도였다고 한다. 그
러나 이러한 번영은 비단 농업에만 국한된 것은 아니었
다. 또 다른 부의 공급처는 수많은 중요한 교역로를 끼고
있는 지리적 이점을 지닌 지역으로, 이들 교역로는 지중
해권역의 땅들이 동방으로 접근할 수 있는 유일한 통로이
기도 했다. 인도양을 건너온 상선들은 인도와 중국에서
싣고 온 보석, 향료, 옷감 그리고 그외의 물건들을 홍해
남단에 내려놓았다. 이 귀중한 짐들은 다시 아라비아 대
상들의 낙타에 실려 북쪽 시리아와 팔레스타인의 도시들
로 옮겨졌다.

하지만 남부 아라비아에서는 동방의 사치품보다 2개의
지역 산물인 몰약과 유향을 더 가치 있게 생각했다. 이것

은 두 종류의 발삼 나무의 줄기에서 스며나오는 고
무 수지를 말하며, 대부분 고대 때 많이 소비되었다.
이 귀한 수지들은 화장품과 의약용 연고 그리고 여러
종교의식 때 사용되었다. 황금과 유향, 몰약을
아기 예수에게 선물로 바쳤다는 〈신약성서〉
의 동방박사 이야기는 이 두 물건의 가치를
보여준다. 이것은 그 당시 귀금속 중 최고로 꼽
히는 황금과 동급의 위치를 점했고, 그래서 갓 태어난
왕에게 드릴 공물에 포함될 수 있었던 것이다.

행운의 여신은 남부 아라비아 민족에게 미소를 짓는
것 같았다. 1~2세기의 그리스와 로마의 연대기 작가들
은 이 지역의 부(富)에 놀라움을 금치 못했다. 유명한 지
리학자이자 지도제작자였던 프톨레마이오스는 타당한
이유를 근거로 이 땅을 아라비아 펠릭스, 즉 '행복한 아
라비아' 라고 불렀다. 하지만 이 별칭은 아라비아 반도
의 메마른 내륙지역까지 적용될 수는 없었다. 그곳은 바
로 그리스 인들이 사라케노이(천막에 사는 민족)라 부르
는 진짜 사막의 유목민인 베두인의 영토였다.

완고할 정도로 독립적이고, 무기 다루는 솜씨에 자부

750

아바스 왕조가 우마이야
왕조를 무너뜨리고 762년
도시 바그다드를 건설함.

909

북아프리카에서 파티마
칼리프 제의 시대가 열림.

969

파티마 왕조가 이집트를
정복하고 973년 신도시
카이로로 수도를 옮김.

1096

무슬림으로부터 성지를
탈환하기 위한 제1차
십자군 전쟁이 시작됨.

심이 대단한 베두인들은 오아시스에 정착한 친척들을 경멸했지만 그들 없이는 살아갈 수 없었다. 오아시스 촌락들은 대추야자와 곡물을 제공하는 사막의 정원이자 시장이었다. 일부 오아시스는 시장을 갖춘 대상들의 거류지로, 이곳에서 베두인들은 무기, 연장, 옷, 그외 사막 생활의 필수품들을 구입했다. 반대로 유목민들은 낙타와 우유, 가죽을 제공했을 뿐만 아니라, 도적들의 습격으로부터 보호해 주었다.

6세기 중엽, 북부 아라비아에는 3개의 촌락이 크게 자리잡고 있었다. 이 세 지역은 산악지대인 히자즈에 위치했으며, 서쪽으로는 홍해, 동쪽으로는 거대한 사막지대와 인접했다. 히자즈의 중부 지역에는, 밭과 촌락이 52km² 이상 펼쳐진 오아시스와 야스리브(메디나의 옛 이름)가 있었다. 그곳에서 남쪽으로 400km 정도 떨어진 곳에는 아랍 부유층이 여름 휴양지로 이용했던 산악마을 타이프가 있었다. 타이프의 북서쪽 바로 옆, 홍해에서 내륙으로 80km 가량 들어간 곳에 바로

메카가 위치했으며, 이곳은 바위투성이의 계곡과 함께 나무 하나 없는 벌거숭이산으로 빙 둘러싸여 있었다. 이 3개의 마을 중, 메카가 가장 부유하고 중요한 곳이었다. 메카는 많은 수익을 벌어들이는 대상 무역의 교차로에 있었고, 아라비아의 가장 신성한 이교의 제단인 카바 유적도 남아 있었다. 또한 이곳은 이슬람 교의 창시자인 예언자 무함마드의 출생지이기도 했다.

이제 우리는 무함마드가 어떻게 신으로부터 계시를 받았고, 어떻게 최초의 이슬람 공동체가 메디나에 건설되었으며, 어떻게 이 작은 종교 공동체가 거대한 정치 제국으로 변형되었는지 보게 될 것이다. 또한 예언자의 사망 이후 내전으로 신음하던 이슬람이 수니 파와 시아 파로 영원히 나뉘게 된 이유도 알게 될 것이다. 뿐만 아니라 메카의 비천한 상인의 메시지가 안달루시아 인, 모로코 인, 이집트 인 그리고 다른 다르 알 이슬람('이슬람 영역'이란 뜻), 즉 예언자의 땅에 살고 있는 이들의 일상에 어떤 영향을 끼쳤는지 알게 될 것이다.

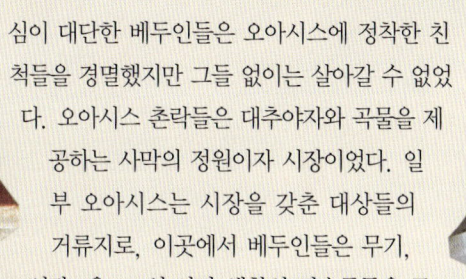

1218	1236	1250	1401
몽골 정복이 시작됨.	스페인 계 기독교인들이 코르도바를 정복함.	맘루크 장군들이 이집트에서 정권을 잡음.	티무르가 이끄는 투르크 군대가 다마스쿠스를 약탈함.

아라비아의 무슬림(이슬람 교도)들은 예언자의 서거 1세기 만에 중동과 지중해 지역의 지도를 완전히 재편했다. 과거 문명의 주변부로 밀려났던 그들은 이제 3개 대륙을 아우르는 거대한 제국을 지배하게 되었는데, 동쪽으로는 중앙 아시아의 스텝 지대와 인더스 강에 이르렀고, 서쪽으로는 대서양 연안의 모로코와 안달루시아에 다다랐다. 그리고 유럽이 암흑 상태에 빠졌던 중세 시대에도, 아랍의 정복자들은 활기 넘치는 새로운 도시들을 건설하여 상업과 교육의 중심지로 발전시켰다. 가장 유명한 도시로는 762년부터 제국의 수도를 대변했던 바그다드가 있다.

이슬람의 정치적 통일체는 오래 지속되지 못했다. 거대한 제국 안에 널리 퍼져 있던 각 주들은 곧바로 무함마드의 계승자인 칼리프의 지배로부터 사실상 독립되었고, 이는 8세기 중반 안달루시아를 필두로 모로코, 알제리, 튀니지, 페르시아의 호라산 그리고 이집트로 이어졌다. 칼리프 정부의 역할은, 10세기경 페르시아 왕조가 칼리프 옥좌를 제외한 나머지 실질적인 권력을 모두 취함으로써 실제로 끝을 맺었다.

11세기 이후 이슬람 제국의 주요 도시와 영토는 투르크 족, 십자군 그리고 몽골 족의 지배를 받았다. 그러나 이런 정치적인 와해에도 불구하고, 중세 이슬람 세계는 상당한 수준의 문화적 결속력을 유지했다. 13세기의 스페인 계 아랍 인이 알렉산드리아 또는 아주 먼 바스라를 방문했더라도, 그 낯선 곳에서 언어와 법체계, 메카 방향을 향해 절을 하며 기도하는 의식 등 익숙한 점들을 수없이 발견하게 될 것이다.

부르고스 · · 팜플로나

· 코르도바 · 로마

· 그라나다

탕헤르 · · 세우타

· 페즈

튀니스 · 시칠리아 아테네 ·

카이라완 ·

지중해

마그리브

사하라

북

· 팀북투

중앙 아시아

카스피 해

흑해

부하라 •   • 사마르칸트

• 메르프

_스탄티노플

• 하라트

아나톨리아

모술 •   티그리스강   • 라이

알레포 • • 라카   • 하마단

안티오크 •   유프라테스 강

바그다드   • 이스파한

크테시폰

쿠파 •

• 다마스쿠스

바스라

알렉산드리아   • 예루살렘

기자 •• 푸스타트 · 카이로

인더스 강

메디나

아라비아

바드르 •

메카 •

• 타이프

홍해

인도양

사나 •

에티오피아

나일 강

1 :: 신의 사자

전설에 따르면, 무함마드는 자신의 놀라운 경험담을 전하기 위해 저녁식사를 준비하기로 결정했다. 그래서 그는 가장 저명한 씨족 인사 40명을 집으로 초대했다. 메카에 있는 보통의 집처럼 초라한 흙벽돌로 지어진 그의 집에서 양고기와 우유로 이뤄진 간단한 저녁식사가 마련되었다. 집주인의 부와 권력을 과시하기 위해 아랍 인들 사이에서는 허식에 가까운 접대가 관례처럼 이루어지고 있었지만, 무함마드는 그런 겉치레를 따르지 않았다. 사실 너무 소박한 식사라, 훗날 손님 중 한 명은 양다리 고기 한 조각과 우유 한 잔에 불과했던 음식을 예수가 일으킨 빵과 물고기의 기적처럼 참석한 이들이 배불리 먹을 정도로 늘어났다고 과장할 정도였다. 그러나 예수와 다르게, 무함마드는 신묘한 기적을 부리는 능력을 자랑한 적이 없었다. 그는 자신이 단언한 대로 '보통 사람들과 똑같은 사람'이었고, 신이 소통을 위해 선택한 예언자에 불과했다. 그리고 615년 그날 저녁 손님들에게 털어놓은 그의 얘기들은 세상의 변화를 예고했다.

친척들의 식사가 끝나자, 무함마드는 자리에서 일어섰다. 그들은 기대의 눈빛으로 그를 바라보았고, 방 안에는 일순간 침묵이 흘렀다. 그들 눈에 비

나팔을 불고 있는 전령으로 묘사된 대천사 가브리엘이 신의 메시지를 무함마드에게 전달하고 있다. 신은 인간의 인지를 뛰어넘는 곳에 존재했던 까닭에, 오로지 대천사를 통해 자신의 예언자와 의사소통을 했다. 무슬림들은 모든 일상생활을 선행과 악행으로 각각 기록하는 2명의 천사들이 관장하고 있다고 생각했다.

친 것은 단단한 몸집에 보통의 키, 두꺼운 고수머리와 수염 그리고 슬픈 눈에 환한 얼굴빛을 지닌 40대 중반의 남자였다. 무함마드는 조심스럽게 단어를 선별하며 말했다.

"나보다 더 고귀한 메시지를 아랍 민족에게 전달한 사람은 아마 없을 것이오."

그 일련의 메시지는 신의 계시이며, 자신은 5년 전 메카에서 그리 멀지 않은 히라 산에서 첫 번째 계시를 받았다고 설명했다. 과거 여느 때와 마찬가지로, 그는 명상을 하기 위해 히라 산을 찾았다. 산중턱의 동굴에서 기도 정진하던 어느 날 밤, 환영 하나가 무함마드를 방문했다. 그 환영이 무함마드에게 큰 소리로 외쳤다.

"무함마드야, 나는 가브리엘이니라. 그리고 너는 신의 사자이니라. 그러니 암송하라."

겁에 질린 무함마드가 대답했다.

"무엇을 암송하라는 말씀입니까?"

"암송하라, 창조주이신 너의 주님의 이름으로."

히라 산에서 대천사가 구술했던 말들은 〈쿠란(Quran)〉에서 가장 오래된 구절이라고 무슬림들은 믿고 있다. 〈쿠란〉은 그날 밤부터 예언자가 살아 있는 동안 신이 무함마드에게 내린 계시들을 한 데 묶은 경전이다.

무함마드는 환영과 계시에 관한 더 많은 에피소드를 모여 있는 친족들에게 계속 늘어놓았다. 그는 일가친척들에게 우상 숭배적 신앙과 관습을 포기하고 전지전능한 보편신인 알라를 믿을 것을 권했다. 그리고 신의 진노와 끝없는 천벌을 피하기 위해, 기도와 자선뿐만 아니라 그들 자신을 신의 은총에 맡겨야 했다.

무함마드의 메시지는 비웃음을 사기에 충분했다. 그의 연설이 끝나자, 대부분의 친척들은 어이없다는 웃음을 지으며 일어섰다. 13세짜리 사촌 알리만이 무함마드를 따르겠다고 공언했다. 그러나 무함마드가, 그날 밤 일가친척

16

가족들이 한쪽에서 지켜보는 가운데, 2명의 천사는 어린 무함마드를 양손에 안고 있고 5명의 산파들은 그의 어머니 아미나를 보살피고 있다. '아기 예수의 탄생'이라는 기독교 회화에서 영감을 받은 이 장면은 이슬람에서는 낯선 소재이다. 이슬람에서는 예언자의 탄생에 관해 어떤 기적적인 면모도 드러낸 적이 없다.

들에게 전달했던 것은 급속도로 퍼져나가게 될 신흥 종교의 정수나 다름없었다. 이것은 아랍 어로 '복종'을 뜻하는 '이슬람'으로 알려질 것이며, 아랍 어로 '복종한 자'를 뜻하는 '무슬림'은 개종자를 가리키는 말이 될 터였다. 이 새로운 신앙을 통해 종교뿐만 아니라 정치나 사회적으로 의미심장한 결과물들이 도출될 것이다. 이것은 자치적인 봉건 부족들로 분열된 아라비아 반도를 하나의 강력한 연합국가로 통일시킬 뿐만 아니라, 중동과 그밖의 지역을 평정하여 1세기 안에 인도에서 스페인에 이르는 대제국을 창설하게 된다.

찬양받을 자라는 뜻인 무함마드(Muhammad)는 이전 세기에 아라비아 메카 마을에 정착한 쿠라이쉬 부족의 일원이었다. 무함마드가 태어난 570년경, 쿠라이쉬 족은 흩어져 있는 아라비아의 마을이나 오아시스에 모여 살거나 사막의 유목민처럼 낙타와 양 그리고 염소 떼를 따라 이동했던 가장 강력한 부족 집단 중 하나였다. 반대로 이 부족들은 다시 씨족들로 세분되는데, 이것은

부계 혈족에 근거한 확대가족을 말한다. 무함마드는 그중에서 하심 가 출신이었다.

어린 시절, 무함마드의 하심 가는 그의 성장에 중요한 역할을 했던 것으로 드러났다. 무함마드의 아버지는 그가 태어나기 전에 세상을 떠났고, 그의 어머니는 물려받은 유산이라곤 낙타 6마리와 어린 하녀밖에 없는 궁핍한 처지였다. 무함마드의 어머니는 어린 아들을 2년 동안 사막의 유목민 가족들과 함께 지내도록 했는데, 이는 힘들고 단순한 생활이 아이들의 건강과 인격형성에 도움이 된다는 당시의 관습에 따른 것이었다. 5세가 되던 해 무함마드는 집으로 돌아왔지만, 어머니가 곧 세상을 뜨는 바람에 외할아버지의 보살핌을 받으며 자라야 했다. 2년 후, 외할아버지 역시 세상을 떠나자 이 고아 소년은 메카의 지도급 시민이자 하심 가의 족장인 삼촌 아부 탈리브의 손에 맡겨지게 된다. 아부 탈리브는 어린 무함마드가 궁술과 검술 그리고 격투에 재능이 있다는 것을 알고 있었다. 하지만 그는 메카와 같은 도시에서 필수적인 장사술과 가축을 돌보는 기초지식들을 가르치는 일에 더 치중했다.

아라비아 반도 서쪽 메마른 계곡에 위치한 메카는 농사에 불리한 불모의 땅에서 교역의 중심지로 성장했다. 무함마드의 증조부는 메카에서 시리아와 이라크의 대도시로 가죽과 가축 그리고 인근 산에서 채굴한 광물들을 싣고 정기적으로 떠나는 낙타 대상(隊商)들을 조직했던 최초의 인물이었다. 메카인은 순조롭게 교역을 수행하기 위해 낙타를 기르는 주변 부족들과 동맹관계를 맺었다. 베두인으로 알려진 이 호전적인 유목민들과의 공조는 대상들에게 운송로를 제공하고 아라비아의 교역로를 위협하는 도적들로부터 방패막이 되어주었다. 무함마드는 처음에는 삼촌 밑에서 일을 배우다 나중에 독립하여 혼자 대상들을 이끌고 시리아로 떠나기 시작했다. 얼마 지나지 않아 이 젊은 상인은 신용으로 좋은 평판을 얻었고, 알 아민(al-Amin), 즉 '믿을 만한 자'로 불렸다. 25세가 되던 해, 그의 명성은 시리아로 떠나는 대상들을 조직했던,

돈 많은 과부 하디자란 중년 여성의 환심을 사기에 이르렀다. 무함마드의 능력과 성품에 감동받은 하디자는 그를 자신의 낙타 행렬 중 하나를 통솔하는 대리인으로 고용했다. 그리고 얼마 후 하디자는 청혼을 했고 무함마드는 이를 승낙했다.

이들의 결혼생활은 행복했던 것 같다. 일부다처제가 공공연히 행해지는 사회에서, 무함마드는 하디자에게 헌신했고 그녀와의 결혼생활 동안에는 다른 여자를 아내로 삼지 않았다. 그녀는 6명의 자식을 낳았는데,. 어릴 때 죽은 아들 둘과 함께 4명의 딸이 있었다. 무함마드는 자신의 등에 어린 자식들을 태워 말처럼 달리거나 함께 놀이를 즐기는 등, 자식들을 끔찍이 위하고 장난도 잘 치는 다정다감한 아버지였다.

하디자와 결혼하고 15년이 지났을 무렵, 무함마드는 히라 언덕에서 하나님으로부터 첫 번째 계시를 받게 된다. 나중에 〈쿠란〉의 본문으로 집대성될 구절구절 내뱉는, 주기적인 신의 계시는 종종 일상생활 도중에 무함마드에게 전달되었다. 그럴 때마다 그는 땀을 뻘뻘 흘리며 기절을 하곤 했는데, 매번 '혼을 모두 빼앗긴' 느낌이 들 정도로 고통스런 경험이었다. 하디자는 몸을 벌벌 떠는 남편을 두 팔로 안은 다음 그의 몸이 진정될 때까지 꼭 껴안곤 했다. 그러나 계시를 받는 것보다 더 감당하기 힘든 것은 더 이상 계시를 받지 못한다는 사실이었다. 610년경 몇 안 되는 메시지를 처음 받고 난 후,

그는 알라가 더 이상 자신에게 말하지 않는다는 것을 느꼈다. 하늘은 닫힌 것 같았고, 무함마드는 절망에 빠졌다.

그러나 그로부터 2년 후 계시는 다시 시작되었고, 무함마드의 예언자직 수행은 메카에서 조용히 시작되었다. 하디자는 이슬람으로 개종한 첫 번째 신도였다. 그외에 초기 추종자들로는 어릴 때 죽은 아들들을 대신해 무함마드가 양자로 삼은 어린 알리와 노예 출신의 자이드가 있었다. 3년 뒤 알라는 또다시 그에게 계시를 내렸다.

"너의 가족, 너의 가장 가까운 친지들에게 경고하라."

이에 615년 무함마드는 서둘러 가문의 인사들을 저녁식사에 초대하기에 이르렀다. 이제 그는 신의 메시지를 하심 가문을 뛰어넘어 메카의 거리로 전달할 준비가 되었다.

도시 전역에 걸쳐, 고대 부족의 가치인 명예와 관용은 서서히 무너져갔다. 관례적인 친척들간의 유대관계보다 사업관계가 더 중요했고, 부를 추구하는데 여념이 없는 돈 많은 상인들은 고아와 소외계층을 돌보는 전통적인 관습을 무시했다. 무함마드는 도시에 만연한 물질주의에 낙담했고, 부유층은 벌어들인 수입 중 10분의 1을 가난한 사람들에게 베풀어야 한다고 선포했다. 장인, 노점상 그리고 경제 능력이 없는 메카 인들은 그의 메시지에 매료되었으며, '하늘의 말씀을 전하는' 사람, 즉 예언자를 뒤따르며 거리를 누비기 시작했다.

그러나 무함마드는 수많은 동료 메카 인들이 퍼붓는 조롱과 비웃음을 피할 수가 없었다. 그들은 자신의 말을 신이 내린 계시라며 혹세무민시켜 사람들에게 헛된 공상에 빠지게 했다며 무함마드를 마법과 마술이나 부리는 미치광이라고 비난했다. 뿐만 아니라 모든 무슬림들은 정결 의식을 마친 뒤 하루에 다섯 번 엎드린 자세로 기도를 해야 한다는 불편한 의무사항에 분개했다. '신의 사자'로 알려진 무함마드가 유일신을 믿는 신앙을 설파하고 아라비아

무함마드의 고향이자 이슬람 시대의 순례지였던 메카는 설교단을 장식하기 위해 만든 이 화려한 타일 위에 묘사되었다. 도시 가운데에는 검은 천으로 덮은 정방형의 카바 제단이 있다.

에 퍼져 있는 전통적인 이교의 신들을 비난하기 시작하자 그들은 콧방귀를 뀌었다.

기독교와 유대 교가 오래 전부터 아라비아 반도에 존재했던 것으로 봐서 일신교는 결코 새로운 개념이 아니었다. 그러나 과거의 신들에 대한 충성은 영적인 측면뿐만 아니라 경제적인 동기도 크게 작용했다. 도시 메카 한가운데는 성스런 검은 돌을 보관하고 있는 카바(Kabah)라는 작은 정방형 모양의 구조물이 있었다. 이 제단은 이교의 신인 후발과 360여 명의 다른 토착신들이 사는 곳으로 알려졌다. 순례자들은 아라비아 전역에서 이들 신에게 경의를 표한 다음, 근처 잠잠의 성스런 물을 마시기 위해 이곳 카바로 순례여행을 왔다. 순례자들은 머무는 동안 식량이 필요했기 때문에 늘 이 도시는 소비가 이루어지는 상권이 형성되었다.

이슬람의 가르침과 교세 확장에 깜짝 놀란 메카의 원로들은 무함마드와 그의 추종자들을 무력으로 탄압하기 시작했다. 충돌을 피하기 위해, 무슬림 집단은 도시 밖으로 이동하여 종교의식을 행하곤 했다. 그러던 어느 날, 메카의 군중들이 무슬림들을 가로막으며 조롱하기 시작했다. 일순간 싸움이 벌어졌고, 무함마드의 사촌이자 듬직한 무슬림 동료인 사아드 이븐 아비 와카스가 낙타의 턱뼈로 내리쳐 메카 인 중 한 명이 크게 다쳤다. 전설에 따르면, 이것은 이슬람의 이름으로 피를 흘린 최초의 사건이라고 한다.

메카에서는 무슬림에 대한 반대가 거세졌다. 아프리카 노예 빌라르가 이슬람으로 개종하자, 그의 주인은 그를 포승줄로 결박한 뒤 태양이 강렬히 내리쬐는 곳으로 끌고 가 숨막힐 정도의 무거운 돌덩어리로 가슴을 짓누르는 처벌을 내렸다. 대담하게도 이 노예는 "유일신! 유일신!"이라고 외치며 알라가 유일무이한 존재란 사실을 선포했다. 그의 고통은 무함마드의 친구이자 동료 신봉자인 상인 아부 바크르가 빌라르를 산 뒤 자유롭게 풀어줌으로써 끝을 맺었다.

박해를 피해 수많은 무슬림들이 메카를 도망쳐 홍해 너머 에티오피아로 잠시나마 몸을 숨겼다. 그러나 무함마드는 떠나는 것을 거부했다. 하심 가의 족장인 숙부 아부 탈리브의 보호 아래, 그는 설교를 계속해나갔다. 그러나 619년 사랑하는 아내 하디자가 세상을 떠나자, 그녀의 격려가 절실한 이때

한 베두인 여성이 아라비아의 혹독한 사막 환경 속에서 생존 수단인 낙타 떼를 돌보고 있다. 낙타는 베두인들의 사랑을 한몸에 받는데, 그들은 이 총애하는 동물에게 입맞춤을 하고 이름을 불러주었으며 심지어 시를 짓기도 했다.

사막의 민족, 베두인

수천 년 동안 유목민인 베두인은 물과 목초를 찾아 정처 없이 아라비아 사막을 헤매고 다녔다. 사막 주변에 형성된 정착사회의 생활양식을 멀리한 탓에 베두인들은 힘들고 궁핍했지만, 어떤 획기적인 동물을 매개로 나름대로 삶을 영위해나갔다. 그것은 바로 중동의 사막이 고향인 단봉 낙타였다.

낙타는 베두인에게 교통수단과 음식 및 원료를 제공할 뿐만 아니라, 군마와 교환수단의 역할도 했다. 건강한 성인 낙타는 180kg 가량 되는 짐을 싣고 사막을 매일 95km씩 여행할 수 있었다. 그리고 타는 듯한 여름 무더위 속에서도 물 없이 사흘을, 그리고 겨울에는 그보다 더 오랜 시간을 버틸 수 있었다. 베두인은 낙타 털로 천막과 밧줄을 짰고, 피부는 그을려 가죽으로 만들었으며, 말린 분뇨는 연료로 태웠다. 뿐만 아니라 낙타 젖을 마셨고, 가끔씩 고기로 배를 채웠으며, 신부의 지참금과 같은 큰 액수를 계산하는 셈의 수단으로 사용하기도 했다. 베두인의 제2의 주식이자 영양가 높은 과일인 대추야자는 오아시스 촌락과의 교역을 통해서 얻었다. 대추야자는 베두인에게 간편한 저장 음식일 뿐만 아니라 술로 발효시킬 수도 있고, 씨를 뭉개 낙타의 사료로 이용할 수도 있었다. 그리고 야자나무의 잎은 바구니로 엮거나 가옥과 울타리의 재료로 쓰였다. 옛 속담처럼 대추야자는 '아랍 인의 어머니이자 고모'였다.

유목민적인 성향에도 불구하고, 베두인 사회는 부족간의 충성과 동맹이 긴밀하게 결속된 탄탄한 조직이었다. 사막의 음유시인은 "부족에 충성하라"고 노래했다. "남편이 아내를 포기해야 할 정도로 구성원들에 대한 부족의 요구는 절대적이었다." 반대로 부족은 구성원들을 보호하고 도움이 필요할 때 원조했다. 한 구성원에게 가한 모욕은 부족 전체에 대한 모욕이기 때문에 복수가 꼭 뒤따랐다. 그러나 구성원 각자는 독립과 평등에 자긍심을 느꼈고, 부와 상관없이 모든 부족민들은 관습과 혈통이라는 깨지지 않는 유대관계에 종속되었다.

힘든 사막 생활은 제한된 우물 개수와 방목지역 때문에 불가피하게도 부족간의 경쟁으로 이어졌다. 사막의 규범에 따르면, 베두인은 이방인을 먹이기 위해 마지막 남은 낙타도 마다하지 않고 죽인다. 그러나 한 마리가 더 필요하다면, 그는 간단히 도둑질을 행할 수 있다. 따라서 무장한 무리들이 끊임없이 적수의 야영지에서 가축을 훔

치거나 대상로에서 낙오된 자들을 급습하는 것은 당연했다. 이것의 목적은 전투가 아니라 약탈이었다. 피는 피로써 갚는다는 것이 부족집단의 도덕률이었고, 피를 흘리는 것은 구성원의 의지와는 상관없는 반목으로의 확산을 뜻했다.

그런데도 부족간의 반목은 아랍 사막에서 가장 발전한 예술형태에 소재를 제공하면서 끊임없이 터져나왔다. 사막의 고전 아라비아 어는 뛰어난 표현수단이었다. 타고난 언변을 지닌 한 남자는 동료 아랍 인들에게 지대한 영향을 끼쳤고, 신의 말씀을 부여받은 한 남자는 그들에게 무엇이든 요구할 수 있었다.

바람 모양의 언덕들이 중앙 아라비아의 다흐나 사막에 120~150m 높이로 솟아 있다. 반도의 내륙은 너무 건조해서 연중 계곡 물이 흐르는 곳은 하나도 없다. 그리고 겨울 밤에는 기온이 영하로 떨어지고 여름에는 54도까지 올라간다.

그는 정신적인 안식처를 잃는 큰 슬픔을 겪게 된다. 그해 말엽 아부 탈리브 또한 사망했고, 하심 가의 차기 족장은 씨족 차원에서 이루어진 무함마드의 보호를 철회했다. 이제는 그가 메카를 떠날 차례였다.

필사적으로 무함마드는 두려움 없이 새로운 신앙을 설파할 수 있는 장소를 찾아나섰다. 그는 메카의 시장들을 들락거리며 교역을 하기 위해 그곳을 찾은 베두인 부족민들과 교섭했지만 실패했다. 그는 65km 정도를 걸어 마을 타이프에 도착했고, 그곳의 비옥한 정원과 과수원은 이슬람으로 개종한 메카인의 먹을거리를 제공할 수 있을 것이라 생각했다. 하심 가문의 일원 중 그곳에 여름 별장을 소유한 사람도 있었기 때문에 무함마드는 좀더 나은 환대를 받으리라 기대했다. 그러나 타이프 마을 사람들은 그를 저지했을 뿐만 아니라, 노예들을 시켜 마을 밖으로 쫓아냈다. 결국 그는 메카 북쪽 340km 지점에 위치한 오아시스 마을 야스리브까지 탐색하기에 이르렀다.

야스리브에는 메카의 카바로 순례하던 도중 이슬람으로 개종한 수많은 신도들이 살고 있었다. 그들은 고국에서 더 많은 개종자들을 양산했는데, 그곳에는 대규모 유대 인 공동체가 있어 유일신 개념이 널리 확산된 상태였다. 무함마드가 위험에 처했다는 사실을 알게 된 그들은 그를 만나기 위해 혹자의 표현대로 '쥐도 새도 모르게' 메카로 달려갔다. 그들은 그와 그의 추종자들을 보호해줄 테니 야스리브로 옮겨와 살라고 종용하며 다음과 같이 말했다.

"우리는 당신의 것이고, 당신은 우리의 것이오. 그러니 당신이든 당신 동료든 우리에게 오는 사람은 무조건 보호해드리리다."

622년 늦은 여름, 무함마드와 아부 바크르 그리고 수십 명의 무슬림들은 야스리브로 거처를 옮겼다. 메카로부터의 집단이주는 '헤지라'로 알려졌고, 이는 이슬람 초기 역사에 전환점이 되었다. 후에 622년을 원년으로 삼는 이슬람 력이 탄생했으며, 야스리브 또한 새로운 이름인 메디나(예언자의 도시)로 바뀌었다.

혈연관계보다 종교적 유대관계가 바탕을 이루는, 완전히 새로운 유형의 아랍 사회가 메디나에 창설되었다. 모든 생활은 신앙 교리에 의해 지배되었고, 모든 분쟁은 신과 무함마드에게 맡겨졌다. 무함마드는 종교적인 권위뿐만 아니라, 정치 군사력을 장악한 메디나의 절대군림의 통치자였다. 그는 추종자들이 오아시스 마을에서 생활을 영위하기가 힘들다는 것을 곧 깨달았다. 그들은 대추를 재배하던 농부가 아니라 무역업자였던 것이다. 그래서 그는 사막의 유서 깊은 전통 중 하나인 불시 습격을 단행하기로 결정했다.

습격 대상을 선택하는 일은 무함마드에게 쉬운 일이었다. 그것은 바로 메카와 시리아를 오가는 대상들. 그러나 메카 인에 대한 첫 번째 약탈전은 실패한 것으로 알려졌다. 대상들을 찾기 힘들었고, 설사 무슬림들이 그들을 발견했다 하더라도 수적인 열세로 쉽게 저지되는 경우가 허다했다. 그러나 무함마드는 단념하지 않았다. 그의 마음속에는 늘 든든한 버팀목이 살아 숨쉬었기 때문이다. 그는 알라의 새 계시를 추종자들에게 다음과 같이 전달했다. "불법한 일을 당하여 싸움을 걸어오는 자들에게 대항하여 투쟁하도록 허락했도다."

624년 3월, 무함마드는 친히 300여 명의 무슬림 전사들을 이끌고 서쪽 홍해로 진군했다. 그의 군대에는 3필의 말과 70여 마리의 낙타가 고작이었다. 그 까닭에 짐승 하나에 서너 명의 병사가 함께 올라타야 했다. 그는 메디나에서 130km 떨어진 수원지 바드르에 매복한 뒤, 해로를 따라 시리아에서 메카로 되돌아가는 대상을 불시에 공격하기로 계획했다.

무함마드의 군대는 바드르에 있는 우물 근처에 잠복했다. 그러나 긴 낙타 행렬을 선두지휘하며 정찰을 하던 메카 대상의 지도자가 이 급습작전을 눈치챘다. 주변에서 이방인들을 봤다는 지역주민의 얘기를 전해들은 그는 근처에 있는 의심쩍은 낙타의 분뇨들을 조사하기 시작했다. 그 결과 일부 분뇨에서

나무들이 산재한 메디나의 오아시스에서만 볼 수 있는 대추열매의 씨들이 나왔다. 즉시 그는 대상들에게 방향을 바꾸도록 했고, 도움을 요청하기 위해 메카로 전령을 급파했다.

100여 필의 말과 수많은 낙타 위에 올라탄 600여 명의 전사들이 바드르에서 적은 병력의 무슬림 군대와 싸우기 위해 메카에서 달려왔다. 무함마드는 바드르에 도착한 후 처음 눈에 띈 우물 근처에 병사들을 배치시키려고 했다. 그러나 그의 추종자 중 한 명인 후바브란 사내가 그에게 다가가서 물었다.

"이 방어선은 신이 내리신 뜻입니까? 아니면 예언자의 판단과 전술에 따른 결과입니까?"

무함마드는 후자의 경우라고 시인했다. 그러자 대담하게도 후바브는 다른 계획을 제시했다.

"이곳은 적당한 장소가 아닙니다. 적과 가장 가까운 수원지로 군대를 이동시킨 후 방어선을 짜십시오."

후바브의 의도는 메카 인들이 물을 공급받지 못하도록 보급로를 원천봉쇄하는 것이었다. 최고 사령관인 무함마드는 동의했다. 무슬림들은 적과 가장 가까이에 있는 우물들을 차지하기 위해 전속력으로 달렸다. 그들은 수적으로 불리했지만 목은 마르지 않을 터였다.

다음날 아침, 메카 인들이 반경을 좁히며 동쪽에서 접근해왔다. 독수리 떼들이 하늘 위를 선회한 뒤, 양군대 뒤편에 있는 화강암 절벽에 내려앉았다. 전투는 아라비아 관습대로 양진영에서 차출된 3명의 군사가 벌이는 일 대 일 싸움으로 시작되었다. 그 다음 무함마드는 말에서 내린 무슬림들을 빽빽한 대형으로 정렬시키고, 그날 '퇴각하지 않고 전진하며' 싸우는 자들은 누구든 즉시 '천국으로 입성하게' 될 것이라고 약속한 뒤, 적군에게 화살을 마구 쏘아대라고 명령했다. 체계적인 군율 없이 의지만을 가지고 싸우는 메카 인들과 달리, 무슬림들은 이미 지휘관들로부터 충분한 훈련을 받은 상태였다. 명령에 따라 그들은 칼을 휘두르며 물밀듯이 앞으로 나아갔다. 수많은 무슬림들은, 발굽이 땅에 닿지 않고 하늘을 나는 말을 타고 전장 주위를 맴도는 천사의 무리가 도와줄 거라고 믿으며 육탄전에 몸을 내던졌다.

정오가 되자 적군이 패주하기 시작했다. 메카 인들은 50여 명의 전사자와 50여 명의 포로만을 남기고 무질서하게 도망치기 바빴다. 승리자들이 포로들을 한 곳으로 끌어모아 집단처형을 하려 하자, 무함마드가 이를 멈추게 했다. 포로들을 살려둔 뒤 좀더 나은 목적에 사용하라는 계시가 떨어

낙타에 올라탄 예언자 무함마드(왼쪽 끝)가 624년 바드르 전투에서 메카 군대와 교전할 무슬림 전사들을 이끌고 출정에 나섰다. 바드르 전투에 참가한 자들은 전리품을 나눠가졌다. 그리고 전사한 병사들은 천국행을 약속받았으며, 그곳에서 그들은 인간에게 알려진 최고의 관능적 기쁨들을 경험하게 될 터였다.

| 이슬람의 성서 |

이슬람 교리에 따르면, 하나님이란 단어는 무함마드 이전 시대에도 5명의 대예언자들(아담, 노아, 아브라함, 모세 그리고 예수)에 의해 누설되었다. 그에 따라, 유대 인과 기독교인들은 무슬림처럼 '성서의 백성들'로 여겨졌다. 그러나 무슬림들은 시간이 지나면서 유대 교와 기독교의 성서(〈토라〉와 〈성경〉)는 타락했고, 인간은 더 이상 하나님의 뜻을 따르지 않으며, 그래서 새로운 계시가 필요하다고 믿었다. 대천사 가브리엘에 의해 예언자 무함마드에게 전달된 이 메시지는 아랍 어로 '암송' 또는 '강독'을 뜻하는 〈쿠란〉으로 알려졌다. 이것은 신이 인간에게 전한 마지막 대화로 심판의 날까지 신도들을 이끌 지침서가 될 터였다.

무슬림들은 하나님의 마지막 말씀인 〈쿠란〉을 오류가 없는 절대적인 것으로 믿었다. 무함마드가 신의 메시지를 전해받던 20년 동안, 그의 추종자들은 그것을 외우거나 받아 적었다. 그리고 나중에 이 계시들을 암송하는 것은 이슬람 예배의 일부가 되었다. 〈쿠란〉 전체를 암송하는 일부 독실한 무슬림들도 찾아볼 수 있는데, 기독교의 〈신약성서〉에 버금가는 6,000여 개의 절과 7만 8,000여 개의 단어로 구성된 〈쿠란〉의 방대한 양을 고려한다면, 이는 정말 놀라운 신앙의 위업이 아닐 수 없다.

예언자가 사망하자 그의 최측근 동료들은 신의 계시를 보존하기 위한 조치를 취했다. 그들은 시중에 떠도는 〈쿠란〉의 경문(經文)들을 취합한 뒤, 예언자의 필경자 중 한 명이 이끄는 무함마드의 동료 협의회에서 검토하기로 결정했다. 선택된 경문들은 집대성하여 표준 경전으로 만들어졌고, 나머지 초본들은 모두 폐기되었다.

무함마드가 어떤 순서로 계시를 받았는지 정확히 기억하는 사람이 없었기 때문에, 114개에 이르는 〈쿠란〉의 수라[휴]는 길이를 기준으로 배열되었다. 제1수라에 해당하는 가장 긴 장은 가장 형식적이고 교훈적이며, 기본적인 무슬림 생활의 조직과 규율에 관한 내용들로 채워졌다. 앞장 중 하나에는 "여기 하나님을 경외하는 자들을 위한 안내서이자 훈령인 평범한 글이 있다"고 선포되었다. 〈쿠란〉의 후반부에는 예언자가 최초로 신의 계시를 받는 황홀경의 장면들을 짧게 묘사한 장들이 나온다. 이들은 주로 심판의 날과 유일신을 믿지 않는 자들을 기다리고 있는 지옥 불에 관한 경고의 얘기들을 다루고 있다.

14세기 이집트의 군주가 자신의 어머니를 위해 제작 의뢰한 〈쿠란〉으로, 아랍 어 주위의 기하학적인 무늬들은 이 장에서 눈부신 효과를 발휘한다.

진 것이었다. 그러나 그는 몇 가지 예외적인 행동을 취했는데, 무함마드의 명예를 훼손시킨 글을 쓴 한 메카 인과 페르시아에 관한 자신의 글이 〈쿠란〉의 이야기만큼 훌륭하다고 주장한 이를 교수형에 처했다. 한편, 원래 목표물이었던 대상 집단은 무슬림의 공격을 간신히 피해 무사히 메카로 되돌아갔다. 그런데도 무슬림들은 대단한 환호를 받으며 메디나로 귀환했다. 그들은 최초의 지하드[聖戰]를 승리로 장식했다.

바드르의 승리로 인해 권위가 한층 강화된 무함마드는 그간의 행태로 이슬람의 적임을 깨닫게 된 메디나의 유대 인들을 탄압하기 시작했다. 헤지라 이후, 그는 메디나의 유대 인들을 지역사회의 일원으로 간주했다. 심지어 그는 추종자들에게 예루살렘(유대 교의 고대 제단)을 향해 기도하고 유대 교의 속죄의 날에 단식할 것을 명령하는 등, 그들의 관습을 일부 받아들이기까지 했다. 그러나 그는 메디나의 유대 인들이 자신을 예언자로 받아들이지 않자 크게 놀랐고, 마음의 상처를 입었으며, 그들이 무슬림에게 퍼붓는 조롱과 적개심에 화가 났다. 메디나에 정착한 지 2년 만에, 그는 금식 시기를 라마단(이슬람력으로 9월)으로 바꾸었고, 기도하는 방향도 이슬람의 발상지인 메카로 수정했다. 그는 점점 메디나의 유대 인들을 자신의 새로운 종교 및 정치사회를 위협하는 존재로 바라보게 되었다.

메카에 대한 무함마드의 지하드는 유대 인과의 전쟁을 정당화시킬 수 있는 좋은 배경이 되었다. 바드르 전투 이후, 그는 2명의 무슬림과 유대 인이 목숨을 잃은 메디나에서 벌어진 분쟁을 이용하여 마을의 유대 인 부족 중 하나를 내쫓고 이들의 재산을 차지했다. 1년 후 메카 군대는 메디나 외곽에 자리한 우후드 언덕에서 무슬림을 격퇴시켰다. 그러자 무함마드는 낙심한 군대의 사기를 회복시키기 위해 자신을 암살하려고 모의했던 또 다른 유대 부족을 쫓아냈다. 627년, 1만여 명의 메카 인들이 2주 동안 메디나를 포위했다. 메디아 인은 메카 군대의 공격을 성공적으로 방어하자, 그는 적에게 협조했다는 죄목으로 마을에 남아 있던 유대 인들을 비난했다. 하지만 이번에는 추방하는 대신 유대 인과 앙숙관계에 있던 메디나의 아랍 족장에게 이들의 운명을 결정하도록 내버려두었다. 족장은 여자와 아이들을 모두 노예로 팔았고, 600여 명의 남자들은 전원 참수형에 처했다.

이슬람의 결혼정책이 처음 등장한 것도 이 투쟁 기간 동안이었다. 우후드 언덕 전투로 대략 70여 명의 무슬림이 목숨을 잃었고 수많은 가정에서 가장이 사라졌다. 새로운 계시를 통해 무함마드는 최근 과부가 된 여성뿐만 아니라 미혼 여성의 수가 급격히 증가하자, 이에 야기되는 문제를 해결할 수 있는 방안을 마련했다. 아내가 하나뿐인 남자들은 이제 4명의 아내를 취할 수 있게 했다. 여러 명의 아내를 갖는 것은 아랍 남성 사이에서는 오래된 관습이었다. 사실상 신도들에게 4명의 아내로 제한한 새로운 명령은 일종의 사회법 역할을 했다. 남편은 모든 면에서 아내들을 차별 없이 공평히 대하고, 아버지가 없는 어린 여성의 재산을 공정하게 관리해줄 것으로 약속했다.

그러나 무함마드 자신은 원하는 만큼 마음대로 아내를 취할 수 있었고, 메디나 시대 말엽에는 한 번에 9명의 배우자를 맞아들이기도 했다. 일부 여성은 책임감의 발로로 취한 이슬람 전사의 과부들이었고, 나머지는 정치적 동맹을 강화하기 위해 결혼했던 것이었다. 그의 하렘(이슬람 국가의 여자 방)은 모스크의 역할을 겸하는 흙벽돌로 지은 그의 저택 안에 마련되었다. 새로운 아내를 맞아들일 때마다 모스크에 작은 방들이 증축되었다. 모스크의 정원은 이곳 주민들이 하루에 다섯 차례 기도하는 공공장소로 사용되었다. 동이 떠오르기 전, 기도 시각을 알리는 무에진(외치는 사람)이 마을에서 가장 높은 집 지붕으로 올라갔다. 그리고 해가 떠오르면 그는 목소리가 울려퍼지도록 소리를 지르며 신도들에게 기도를 독려했다.

이 시기에, 무슬림 여성을 주제로 한 또 다른 계시가 그에게 내려졌다. 〈쿠란〉에서 장막의 구절로 알려진 이것은 예언자에게 아내들을 나머지 사회

와 격리시키라고 지시했다. 사실 이런 조치를 취하는
데는 실질적인 이유가 있었다. 모스크 안뜰 근처에 모
여 있는 남자들은 예언자의 총애를 얻기 위해 자주 그
의 아내들에게 접근했고, 무함마드는 아내들에 대한
접근을 제한함으로써 이런 관행을 효과적으로 없앨 수
있었다. 격리를 시키면 또 다른 이점도 생겼다. 그것
은 정적들이 예언자의 평판을 깎아내리기 위해 아내와
다른 남자와의 접촉을 불륜이란 이름으로 추문화시킬
수 있는 빌미를 사전에 막을 수 있었다. 따라서 그는
이방인들이 안뜰에 있을 때 아내들에게 그곳 출입을
금지시켰고, 집 안에서는 남자 방문객들과 눈길이 마
주치지 않도록 하렘에 장막을 매달았다. 이 장막은 히
자브라고 한다. 그리고 나중에는 이 단어에 베일이라
는 뜻이 덧붙여져, 이것은 후대의 이슬람 여성들이 공
공장소로 나갈 때 얼굴을 가리는 것으로 발전되었다.

　무함마드의 비범한 인생사 중 최고의 에피소드는
632년 초반에 발생했다. 당시 그는 이미 아라비아 유
목민족 대부분과 정치적 또는 종교적 동맹을 맺은 상태였다. 메카에 대한 그
의 오랜 투쟁은 2년 전 1만 명의 병사를 이끌고 고향으로 진군한 뒤 유혈 사
태 없이 도시를 항복시킴으로써 승리로 끝났다. 결국 메카 전체가 이슬람을
받아들인 것이다. 무함마드는 도시 중앙에 있는 카바 제단 안에 모신 이교의
우상을 때려부수고 불태울 것을 명령했다. 그러나 제단 자체는 다른 계획을
위해 남겨두었다. 제단은 원래 성서의 예언자인 아브라함과 그의 아들 이스
마엘(전자는 최초의 일신론자, 후자는 아랍 인의 선조로 간주됨)에 의해 건설되었다고
믿는 무함마드는 새롭게 정화된 카바를 하나님의 처소로 규정했다. 그리고

'신도들의 어머니'로 알려진 무함마드의 아내들은 이슬람 사회에서 대단한 존경을 받았다. 그러나 이 특별한 지위는 행동과 의상에 대한 구속을 수반했고, 예언자가 사망하더라도 재혼은 금지되었다.

무함마드는 평생 12명의 여자를 아내로 맞아들였는데, 그중에서 가장 사랑했던 사람은 첫 번째 아내인 하디자였다. 무함마드는 "그녀는 내가 거부당했을 때도 나를 믿었다. 그녀는 내가 거짓말쟁이로 몰렸을 때도 내 진실을 믿어주었다. 그녀는 가난한 내게 재산을 나눠주었고, 알라는 다른 아내에게는 내리지 않으셨던 혈육을 그녀에게만은 허락하셨다"고 단언했다.

그들 사이에서 낳은 자식 중 장녀인 파티마는 무함하드의 마음속에 특별한 존재로 남아 있었던 것 같다. 파티마의 남편 알리가 새 아내를 취하기 위해 예언자에게 허락을 구했을 때, 그의 장인은 냉담한 반응을 보였다.

말년에 무함마드는 어린 아내 아이샤를 특히 아꼈다. 그러나 아이샤는 하디자를 대신할 만큼 연모의 대상은 결코 아니었다. 시종 한 명이 대천사가 파티마에게 하사한 선물을 풀고 있는 왼쪽 그림에서, 무함마드와 나머지 가족 3명은 베일에 가려졌고, 머리에는 불화관이 씌워져 있다. 중요한 것은, 남편의 손을 잡으려고 손을 내민 것은 어린 아내 아이샤(가운데)이지만, 영광스럽게도 예언자 옆에 앉아 있는 사람은 하디자의 딸 파티마이다.

632년 2월에 이르자, 그는 메디나에서 카바 제단으로의 순례, 즉 핫즈(hajj)를 이끌 준비를 했다.

카바 순례는 수백 년 동안 아라비아 반도 전역에서 아랍 인들에 의해 이뤄졌지만, 늘 이교의 우상들을 참배하기 위해서였다. 따라서 이번의 순례는 무슬림이 단독으로 의식을 치르는 최초의 메카 순례가 될 터였다. 후에 메카 순례는 5개의 '이슬람 기둥(금식, 자선행위, 기도, 신앙고백, 성지순례)' 중 하나에 포함되어 무슬림이라면 생전에 적어도 한 번은 치러야 할 의무가 되었다.

무함마드는 3만 명의 신도를 이끌고 메디나에서 메카로 여행을 떠났다. 순례 기간 동안 순례자들은 엄격한 규칙을 준수해야 했다. 각종 폭력뿐만 아니라 성관계, 음담패설 그리고 언쟁도 모두 금지되었다. 3월 3일 거대한 행렬 앞으로 도시의 윤곽이 서서히 드러나자 낙타 위에 올라탄 예언자가 오른손을 들어 간절히 애원했다. 그는 "오, 신이시여! 당신의 종이 여기 있사옵니다"라고 크게 외쳤다. 뒤로 길게 이어진 순례 행렬이 예언자의 말을 모두 반복했고, 그들의 음성은 이 성지 순례가 사실 고향 메카로의 귀향이기도 한 이민자들에게 특별한 울림으로 다가왔다.

무함마드는 순례자들을 이끌고 도시 전역을 돌면서 핫즈를 아랍의 성스러운 전통으로 뿌리내리려 했다. 순례의 가장 중요한 부분은 카바 주위를 일곱 바퀴 돌고 성스런 검은 돌에 입을 맞춘 뒤 껴안거나 어루만지는 것이다. 뿐만 아니라, 아브라함의 아내 하갈이 어린 아들 이스마엘에게 먹일 물을 찾아 미친 듯이 사막을 헤맸던 때를 기념하기 위해 카바 인근의 작은 언덕(사파와 마르와) 사이를 일곱 번 왕복하는 의식도 있었다. 그리고 도시 외곽에 있는 미나에 사탄을 형상화한 3개의 기둥에 돌멩이를 던지고, 신의 뜻에 스스럼없이 복종한 아브라함을 기리기 위해 양을 도살했다.

이 메카 순례가 최고조에 이른 곳은 바로 비탈진 아라파트 동산이었다.

자비의 동산이라 불리는 이곳은 메카에서 동쪽으로 20km 정도 떨어진 곳에 있었다. 거기서 무함마드는 설교를 했고, 〈쿠란〉을 완성시키게 될 마지막 신의 계시를 전달했다. 군중들은 산허리에서 울려퍼지는 예언자의 말을 들으며 해가 질 때까지 기도하고 명상했다. 무함마드는 "내년에도 이곳에서 그대들을 다시 볼 수 있을지 확신이 없도다. 그러니 신도들이여, 내 말을 잘 들으라"고 그는 경고했다.

무함마드의 직관대로 그것은 그의 마지막 메카 방문인 '고별 순례'가 되었다. 3개월 후, 메디나로 돌아온 그는 젊은 아내 아이샤의 집에서 심한 열병을 앓다 세상을 하직했다. 그의 나이 63세였다. 그는 9명의 미망인, 4명의 딸 그리고 훌륭한 정치 및 종교적 유산을 남겼다. 그의 예언적 임무는 완성되었다. 그가 히라 언덕에서 천사 가브리엘의 목소리를 들은 지 20년 만에, 무함마드와 그의 새로운 종교는 아라비아 반도 전역을 지배하게 되었다.

무함마드의 유산은 막대했지만, 상속자를 지명하는 방식까지 유산에 포함된 것은 아니었다. 따라서 예언자의 죽음과 함께 무슬림 사회는 대혼란에 휩싸였다. 예언자의 사후를 미리 내다본 이들은 거의 없었다. 모든 중요한 법적, 종교적 결정은 무함마드에 의해 이루어졌고, 그는 스스로 마지막 신의 사자라고 선포했다. 이제 그가 가고 없으니, 이슬람은 방향타를 잃은 배나 다름없었다.

잇따른 정권의 공백기 동안, 여러 경쟁 분파들이 지배권을 차지하기 위해 각축을 벌였다. 그들은 크게 메카에서 온 초기 개종자와 메디나가 고향인 신도들로 나뉘었다. 무함마드가 사망하자 곧바로 이들 집단은 예언자의 후계자를 어떻게 선출할 것인지 결정하기 위해 만났다. 결국 서로 절충한 끝에 양쪽에서 동의하는 후보자가 나왔다. 무함마드의 좋은 동료이자 장인이기도 한 아부 바크르가 이슬람의 새로운 정교합일의 지도자로 선출되었다. 그는 또한 '무함마드의 계승자'란 뜻의 칼리프란 칭호를 부여받은 최초의 인물이기도 했다.

아부 바크르의 첫 임무는 독자적인 노선을 걷고자 하는 여러 아랍 부족들을 다시 규합하는 일이었다. 이 부족들은 자신들은 사상이 아닌 한 지도자에게 충성을 서약했으며, 이제 그 예언자가 죽었으니 더 이상 그 의무에 종속될 필요가 없다고 주장했다. 아부 바크르는 이처럼 중요한 시기에 공동체로부터의 탈퇴는 이슬람의 미래에 악영향을 끼치리란 것을 잘 알고 있었다. 그래서 칼리프는 재빨리 반역적인 부족들에 대해 조치를 취했고, 1년여의 격심한 유혈 투쟁 끝에 반도 전역에 무슬림 체제를 새롭게 정비하는 데 성공했다. 그러나 아부 바크르는 아직 과업이 완성되지 않았다는 것을 알았

630년 메카를 무혈 정복한 뒤, 예언자(가운데 뒤)와 그의 추종자들은 카바 제단에서 이교의 우상들을 제거했다. 깨끗이 정화된 뒤 새로운 신에게 봉헌된 이 고대의 제단은 이슬람 교의 영적 중심이 되었다.

다. 아라비아 부족의 단결을 유지하고 그들의 전사적 전통을 제대로 이용하기 위해, 그는 거대한 무슬림 군대를 동원하기 시작했다. 아부 바크르는 그것을 활용할 기회를 만들기 위해 북쪽으로 눈을 돌렸다.

동쪽 중앙 아시아에서 서쪽 안달루시아까지 맞닿아 있는 아라비아 북부 땅 대부분은 비잔틴 제국과 페르시아 사산 왕조의 지배 아래 있었다. 그러나 이 두 제국은 수십 년간의 영토전쟁 이후 쇠락의 길에 접어든 상태였다. 기회를 포착한 아부 바크르는 비잔틴 제국의 시리아 주와 이라크의 사산 왕조 지배령으로 원정대를 파견하여 일련의 공격을 단행했다.

아부 바크르는 자신이 착수했던 일의 결실을 보지 못한 채 634년 세상을 떠났다. 그러나 임종 당시, 그는 자신의 뒤를 이을 후계자의 이름을 분명히 밝혔다. 그는 바로 무함마드의 절친한 동료였던 우마르 이븐 알 카타브였다.

"기뻐하십시오! 페르시아 인들이
그들의 땅을 주겠답니다."

칼리프 직에 오른 우마르는 선임자의 기습전을 한 단계 높여 전면전에 나섰고, 아랍의 전사들은 팔레스타인과 시리아 지역을 소탕했다. 비잔틴 제국이 그들과 맞서기 위해 군대를 급파하자, 무슬림들은 홀연히 사막 속으로 사라졌다. 친숙한 환경 아래 그들은 때를 기다렸다. 다음해 2만 5,000여 명의 아랍 기병들은 병력이 두 배에 이르는 비잔틴 군대를 전멸시키기 위해 사막의 뿌연 모래바람을 일으키며 달려나왔다. 다마스쿠스에 이어 안티오크와 알레포의 도시들이 침략자들에게 차례로 무너졌다. 그리고 637년 말, 무슬림들은 드디어 성스러운 도시 예루살렘을 탈취하기에 이르렀다.

시리아의 대부분 지역을 장악하게 된 칼리프 우마르는 이라크에 대해 지하드를 선포했다. 고대 메소포타미아 대제국들의 심장부였던 이라크는 페르시아 사산 왕조의 최서단에 위치한 주(州)였다. 그는 전투경험이 풍부한 무슬림 전사 사아드 이븐 아비 와카스를 소환하여 군지휘권을 맡겼다.

당시 40세였던 사아드는 이슬람 운동사에 훌륭한 족적을 남긴 전사로 유명했다. 일명 동료(초기 개종자이자 무함마드의 동료)라는 특권계급에 속하는 지도 세력 중 한 명인 그는 젊었을 때 낙타 턱뼈로 메카 군을 내리침으로써, 새 신앙을 수호하기 위한 싸움에서 최초로 전과를 올린 장본인이기도 했다. 그는 또한 이슬람을 위해 최초로 화살을 날렸고, 바드르 전투뿐만 아니라 초기 시대에 벌어진 교전행위에도 참여했다고 한다. 전설에 따르면, 크고 텁수룩한 머리에 키가 땅딸막한 이 사내는 예언자가 천국 입성을 약속한 10인 중 한 명이었다고 한다. 그리고 이제 예언자의 계승자인 칼리프 우마르는 이라크를 치기 위해 그를 선택했다.

사아드가 도전에 나섰다. 637년 초반 그는 군대를 이끌고 이라크 중부 유프라테스 강둑까지 진군했다. 병사들은 그곳에 숙영지를 건설했고, 메디나에서 산 채로 보내온 낙타와 양으로부터 고기를 얻었으며, 인근 이라크 마을에서 식량이 될 만한 것들을 죄다 약탈하여 주린 배를 채웠다. 한편, 사아드는 사산 왕조의 궁정에 사절단을 급파했다.

20명의 전사단 일행이 유프라테스 강 너머 21세의 사산 왕조의 통치자 야즈데게르드가 머무는 수도 크테시폰에 보내졌다. 거친 옷에 조잡한 무기로 무장한 지저분한 형색의 아랍 인들이 궁전의 접견실로 안내되자 경멸 섞인 실소가 터져나왔다. 그러나 사막의 전사들은 눈에 보이는 화려함에 당황하지 않았다. 오히려 사절단의 대표는 대담하게도 야즈데게르드에게 무슬림으로 개종하거나, 그게 싫다면 아랍 인들의 보호를 받으며 공물을 바치는 것이 어떻겠느냐고 설득했다. 그의 오만함에 젊은 왕은 분개했다. 그는 당장 그들의 목을 치고 싶었지만, 방문객들은 면책권의 보호를 받는 사절단이었다. 대신에 왕은 포대자루에 흙을 가득 담아오라고 한 뒤 일행을 돌려보내기 전 사절단 대표의 등에 짊어주었다. 왕은 경멸의 뜻을 전하기 위해 한 행동이었지만, 숙영지로 돌아간 무슬림들은 기쁜 마음으로 장군 사아드에게 포대자루를 건네며 외쳤다.

"기뻐하십시오! 페르시아 인들이 그들의 땅을 주겠답니다."

사산 왕조의 왕은 장군 루스탐에게 즉시 전쟁을 치를 것을 명령했다. 루스탐은 신중한 사람이었다. 그는, 사산 군대가 아무런 전력의 피해가 없는 한, 아랍 인들은 소규모의 돌격부대가 아니면 유프라테스 강을 건널 수 없다는 것을 알았다. 그는 또한 배수진을 치고 싸움에 나선 부대가 만약 패배하게 되면 완전히 무너지리란 것도 알고 있었다. 그러나 사막의 유목민족에 대한 승리에 안달이 난 왕 야즈데게르드는 더 이상 기다리지 못했다. 루스탐은 할 수 없이 강 사이에 다리를 건설한 다음 군대를 서쪽 제방으로 이동시켰다.

후대의 아랍 정보에 따르면 유프라테스 강을 건넌 사산 왕조의 병력은 6만 또는 12만 정도였다고 한다. 숫자가 어찌되었든, 그것은 3만 정도에 불과한 사아드 군대에 비하면 분명 대규모였다. 아랍 인들은 카디시야 평원에 진형을 짰다. 루스탐처럼 사아드도 지형의 이점을 간파했다. 전방에는 강이 흐르고 후방에는 친숙한 사막이 펼쳐져 있는 이곳은 아랍 전사들에게 최상의 싸움터였다. 사아드는 흡족한 마음으로 과거 사산 인과 전투경험이 있는 아랍 군사령관의 조언을 떠올렸다. 장군 무탄나는 부상으로 죽어가기 전 그에게 이런 조언을 남겼다. "꼭 사막에서 싸우게. 페르시아 인들은 그곳에서 자넬 따라잡을 수 없어. 그리고 자넨 되돌아와서 반격도 할 수 있네."

사산 인들이 드넓은 평원에서 전열을 가다듬는 동안, 아랍 전사들은 말없이 엄숙하게 서 있었다. 동료 전사 하나가 부대 앞으로 나와 무함마드가 메카 인을 승리로 이끈 바드르 전투를 묘사한 〈쿠란〉의 한 장을 암송했다.

"예언자여, 그대는 신도들을 격려하며 용감히 싸우거라. 만약 너희에게

20명의 용사가 있다면 너희는 200명의 적을 무찌를 수 있고, 100명의 용사가 있다면 1,000명의 불신자를 처부술 수 있을 것이니라."

교전 관습에 따라, 먼저 차출된 3~4명의 아랍 전사와 사산 군 병사가 일대 일로 싸움을 벌였다. 그 다음 달리는 말에 올라탄 창기병과, 검과 활을 사용하는 보병들이 벌이는 진짜 전투가 시작되자, 느닷없이 사산 군대의 대열 사이로 가장 위협적인 무기, 즉 33마리의 거대한 아시아 코끼리들이 육중하게 걸어나왔다. 코끼리의 등에는 가마를 탄 병사들이 있었다. 코끼리 선봉대는 아랍 인들을 혼란 속으로 몰아넣었다. 아랍의 궁수들은 필사적으로 코끼리에 올라탄 병사들을 향해 활을 쏘아댔고, 검술병들은 거대한 짐승의 등에 단단히 고정시킨 가마의 가죽끈을 힘껏 내리쳤다. 그러나 코끼리들은 진군을 멈추지 않았고, 아랍 인들도 땅거미가 몰려와 사산 군의 공격이 중단될 때까지 한 걸음도 물러서지 않았다.

그날 밤, 아랍 전사들은 여느 때와 마찬가지로 사그라진 군의 사기를 북돋우기 위해 선조들의 공훈을 떠올리며 춤을 추고 시를 암송했다. 그러나 일부 병사들은 뭔가 못마땅한 눈치였다. 그들은 장군 사아드 이븐 아비 와카스에 대한 불만을 품고 있었다.

무슬림 사령관들은 군대를 이끌고 직접 전장에 뛰어드는 게 관례였다. 그러나 그날 전투가 격렬하게 벌어지는 동안, 사아드는 후방에 설치된 작은 막사에서 좌골 신경통과 종기 등 갖가지 통증을 호소하며 누워 있었다. 심지어 사아드의 새 아내, 살마까지도 그를 가차없이 공격했다. 그녀는 이라크에서 사아드의 상관이었던 무탄나의 아내였고, 사아드는 아마도 옛 상관에 대한 충성심의 발로로 이 미망인과 결혼했다. 그러나 그 순간만큼은 그가 선택한 아내도 그의 편이 되어주지 않았다. 병사들이 힘들게 싸우는데도 자리에 누워만 있는 남편에게 넌더리가 난 살마는 "오, 무탄나여! 오늘따라 당신이 한없이 그립군요"라고 비아냥거렸다. 사아드가 그녀의 얼굴을 가격하자 그제야 그녀는 조롱을 거두었다.

둘째 날 아침은 전장에서 죽거나 부상을 입은 전사들을 치우는 일로 시간을 보냈다. 전투는 정오에 곧바로 속개되었지만, 전날 심하게 부상을 당했는지 사산 군의 코끼리 떼는 보이지 않았다. 칼리프 우마르가 급파한 첫 번째 아랍 증원군 6,000여 명이 시리아에서 도착했다. 새로 도착한 병사들 중 일부는 사산 군의 말을 공포에 몰아넣기 위해 두건과 얼굴 가리개로 변장한 뒤 대담하게 낙타를 몰고 적진을 향해 여러 차례 돌격했다.

다음날 사산 군의 코끼리들이 전장에 일렬로 포진해 있었다. 여전히 병상에 누워 있던 사아드는 창기병에게 말에서 내린 뒤 이 무시무시한 동물에게 다가가라고 명령했다. 아랍 병사들은 앞을 못 보도록 창으로 코끼리의 눈 한쪽을 계속 찔러댔다. 그러자 코끼리들은 요란한 울음소리와 함께 심하게 몸부림을 치며 앞다투어 도망치다 결국 자중지란 속에 전투력을 상실하게 되었다.

코끼리를 격퇴시킨 사건을 노래한 전설 중에는 아부 미흐잔에 관한 이야기가 있다. 그는 용감한 전사였지만 금주를 명령한 〈쿠란〉의 규율을 깨뜨리고 포도주를 마신 죄목으로 감옥에 수감 중이었다. 이야기에 따르면, 아부 미흐잔은 사산 군과의 전투를 너무나 갈망한 나머지, 사아드의 첩에게 전투가 끝나면 곧바로 감옥으로 돌아올 테니 하루만 자신을 풀어달라고 설득했다. 그는 사아드의 암말에 올라타 적군을 향해 질주한 뒤 칼로 사산 군의 코끼리 중 하나의 코를 깊숙이 찔렀다. 사아드는 전장 밖 막사 지붕에서 몸을 추스르며 모든 것을 지켜보았다. 그는 "말은 내 것인데 돌진하는 이는 아부 미흐잔이로구나!"라며 탄식했다.

전투가 끝나자, 약속한 대로 영웅에게는 다시 족쇄가 채워졌다. 그러나 이야기는 만족스럽게 끝을 맺었다. 사아드가 음주에 관한 처벌이 끝났다고 말하자, 아부 미흐잔은 "알라여! 다시는 술을 마시지 않겠나이다"라고 맹세했다.

셋째 날, 사위가 조금씩 어두워지자 병사들은 다시 숙영지로 돌아갔다. 그러나 그날 밤 전투의 일시적 소강사태는 그리 길지 못했다. 베두인(아랍 군대를 구성한 종족 중 하나)이 어둠 속을 마음껏 활보할 수 있는 자신들의 능력을 내세워 밤중에 적군을 습격하기로 결정했던 것이다. '광포의 밤(night of fury)'으로 알려진 이 작전은 사산 인들의 혼을 빼놓기에 충분했다. 싸움은 다음날 새벽까지 계속되었고, 한평생 사막 일대를 방랑하며 길러진 유목민 특유의 끈기는 효과를 발휘하기 시작했다. 결국 4~5명의 아랍 병사가 적군의 대열을 뚫고 장군 루스탐을 죽이는 데 성공했다. 장군이 살해되었다는 소문이 퍼지자 사산 인은 저항을 포기했다.

잔뜩 겁에 질린 사산 인들이 전장 밖으로 도망쳤다. 그들 중 유프라테스 강을 건너는 데 성공한 이는 아무도 없었다. 사방으로 흩어진 적군 중 일부는 추격해오던 아랍 병사의 칼에 찔려 죽거나 근처 습지로 몸을 피한 반면, 나머지는 강을 헤엄쳐 건너다 물에 빠져 죽었다. 그날 오후, 사아드 군대를 따라온 여자들과 아이들이 대략 8,500여 명의 아랍 인들과 그보다 많은 수의 사산 인들이 쓰러져 있는 전장 사이를 누비고 다녔다. 그들은 부상당한 무슬림 병사들의 갈증 해소를 위해 물로 채워진 염소가죽을 내밀었고, 불구이거나 사망 일보 직전의 적군들을 신속히 처리하기 위해 그들의 머리에 곤봉을 내리쳤다.

젊은 왕 야즈데게르드는 사산 군대를 티그리스 강 동쪽 제방 크테시폰에 있는 자신의 근거지로 철수시켰다. 사아드는 천천히 그를 추격했다. 강 너머 수도 반대편에 있는 서쪽 제방 마을에 도착하자마자 사아드와 그의 군대는 숙영지를 건설했다. 사산 인들은 티그리스 강에 놓인 다리들을 모조리 불태우고 마을의 나룻배들도 모두 없앴지만, 사아드는 밀고자를 통해 두 발로 건널 수 있는 강의 위치를 알게 되었다. 강을 건너고 보니 야즈데게르드와 그의 가족은 이미 북쪽 자그로스 산맥으로 도망친 뒤였고, 따라서 아랍 인들은 이 도시를 아무런 저항 없이 차지할 수 있었다.

사아드는 궁전에 처소를 마련하고 거대한 연회홀에 설교단을 설치하여 신도들을 한 곳에 모을 수 있는 모스크로 만들었다. 남루한 행색의 그의 군대는 걸음을 멈춰 중동의 가장 화려한 도시가 일궈낸 기적들을 멍하니 바라보았다. 장뇌(樟腦)를 소금인 줄 알고 음식에 넣었다가 그 쓴맛에 깜짝 놀라는 아랍 인들도 있었다. 과거에 금을 본 적도 없고 그것의 가치도 전혀 알지 못했던 이들은 은과 똑같은 양으로 교환하기도 했다.

우마르의 명령에 따라, 사아드는 사산 왕조의 왕과 함께 도망친 왕족들이 소유했던 모든 영토를 칼리프의 이름으로 몰수했다. 그외의 땅들은 그대로 내버려두었다. 우마르와 사아드는 농업 생산량을 현재 수준으로 유지할 필요성을 깨달았고, 베두인 전사들(농경 생활을 경험하지 못한 유일한 민족)이 농토를 점령한 뒤 지주 또는 농부로 정착할 수 있는 기회를 사전에 틀어막으려 했다. 반대로 정복당한 민족들은 아랍 인에게 각 개인에게 부과되는 인두세뿐만 아니라, 밭의 크기와 생산량을 근거로 책정된 세금을 바쳐야 했다. 이렇게 거둬들인 세금을 가지고 사아드는 군대에 급료를 지불했다.

멧돼지 사냥에 나선 말 탄 왕자가 사산 왕조의 도금한 은판에 장식되었다. 정복 전쟁에 나선 무슬림 전사들은 637년 이라크의 카디시야 평원에서 악명 높은 사산 왕조의 기병대와 맞붙게 된다.

우마르는 사아드가 필요한 세금만 거두고, 나머지 이라크 인들의 삶에 대해선 가급적 참견하지 않길 바랐다. 세금 삭감을 조건으로 복속민들에게 이슬람 개종을 독려하는 경우도 있긴 했지만, 대부분의 정복자들은 타종교에 대해 관용을 베풀었고 강압적인 개종 정책도 실시하지 않았다. 사실 우마르는 정복당한 이라크 인들의 잠재적인 위협보다는 아랍의 승리자들로부터 촉발되는 분란을 더 염려했다. 이들에게서 모반세력의 가능성을 엿본 그는 군대 내의 다루기 힘든 부족들을 엄격하게 통제해야 한다는 것을 깨달았다.

병사들을 한 곳에 집중시키고 지역 주민들 속으로 흩어지는 것을 막기 위해, 우마르는 사아드에게 새로운 병영 마을을 건설하라고 명령했다. 장군은 마을 부지로 쿠파를 선택했다. 쿠파는 유프라테스 강의 제방 남서쪽 130km 쯤에 위치했으며, 카디시야 전쟁터와도 그리 멀지 않았다. 장소 선택은 탁월했다. 사아드가 물망에 올려놓고 고심했던 다른 후보지들과 달리, 이곳은 비교적 파리와 모기 떼들로부터 자유로웠고, 한 정찰자의 말처럼, "달콤한 샘물과 울창한 정원들 사이에 있었다." 인근 지역의 풍성한 목초지는 병사들의 양과 낙타 그리고 말에게 먹일 풀들을 공급하는 중요한 장소가 될 터였다.

총독 사아드는 쿠파의 도시 설계와 건설에 특히 관심을 기울였다. 행정본부를 겸하는 장관의 거처와 주변 건물의 잔해에서 살아남은, 벽돌과 대리석 기둥들로 지어진 모스크가 마을 한가운데 세워졌다. 운집해 있는 건물들을 빙 둘러싼 열린 공간은 시장과 낙타를 묶어두는 장소로 활용되었다. 부족별 지구가 마을 중심지에서 사방으로 뻗어나갔고, 이곳은 다시 거리나 골목길을 경계삼아 씨족 지구로 세분되었다. 각 부족 지구에는 매일 예배와 모임을 가질 수 있도록 자체적으로 모스크를 갖췄을 뿐만 아니라, 심지어 공동묘지까지 마련되었다. 사아드는 부족별로 정확하게 배열되었는지 확인하기 위해 계보학자들의 도움을 얻기도 했다.

640년경 야즈데게르드 왕과 그의 잔류 부대를 북부 이라크 산맥 밖으로 완

| 언덕 위의 도시, 예루살렘 |

"지상의 미를 대표하는 10가지 척도 중 예루살렘은 아홉 번째에 해당되었다."고 대 헤브라이의 성경에는 세계 3대 일신교의 중심지로 성장하게 될 이 도시를 그렇게 선포했다. 예루살렘은 유대 인에게는 다윗과 솔로몬의 도시였고, 기독교인에게는 예수가 십자가에 못 박힌 장소였으며, 무슬림에게는 이슬람 초기 시대의 키블라, 즉 예배의 방향이었다.

이 우열을 가리기 힘든 주장들은 파란만장했던 예루살렘의 역사를 보여준다. 324년 수백 년간 이교 로마의 탄압을 받았던 예루살렘은 로마 황제 최초로 기독교로 개종한 콘스탄티누스의 지배를 받게 된다. 뿐만 아니라 그는 예루살렘에 성묘 교회(Church of the Holy Sepulcher)를 건설하는 업적도 남겼다. 기독교계 왕국인 비잔틴 제국이 7세기 초반까지 예루살렘을 지배했고, 그후에는 페르시아 인과 아랍 인들이 차례로 이 도시를 차지했다. 그리고 십자군이 점령했던 12세기를 제외한 나머지 1,330년 동안은 무슬림의 지배를 받았다.

무슬림이 정복한 지 반세기가 흐르자 칼리프 아브드 알 말리크는 예루살렘에 새로운 성전을 건설하기 시작했다. '바위의 돔'으로 알려진 이것은 성전 산에 세워진 초기 모스크 건물을 대신했다. 과거에는 이곳에 솔로몬 신전이 있었다. 하지만 이 장소를 선택할 때 칼리프는 오래된 유대 교 사원의 옛터라는 점보다 콘스탄티누스의 교회 부지라는 점이 더 마음에 걸렸다. 10세기 이슬람 학자는 "성묘 교회의 장엄함과 그곳 순교자 무덤의 위대함을 목도한 아브드 알 말리크는 무슬림의 정신이 현혹되지 않기 위한 강렬한 의지의 발동으로, 지금 우리가 보는 대로 바위 위에 둥근 지붕을 얹은 돔 건물을 세웠다"고 서술했다. 칼리프는 아브라함이 자신의 아들을 희생제물로 바치려 했던 장소이자 무함마드가 밤중에 하늘로 승천하는 기적이 일어났던 바위 위에 제단을 건설했다. 이것은 지금도 예루살렘의 구도시(Old City) 지평선 위에 우뚝 솟아 있다.

이른 아침 반짝이는 햇살 아래, '바위의 돔'의 도금한 지붕이 지평선을 가로지르는 예루살렘의 구도시 동쪽 성벽 너머로 우뚝 솟아 있다. 거대한 둥근 지붕은, 안에서 무함마드가 천국을 방문했던 장소로 홍예(왼쪽)와 대리석 기둥이 짝을 이뤄 떠받치고 있다.

전히 몰아낸 후, 사아드는 그의 군대를 옛 수도에서 쿠파로 이동 배치시켰다. 아랍 인들은 크테시폰에서 잠시 살았던 집들의 문짝을 가지고 와서 새로운 진흙 벽돌집에 매달았다. 2~3년 후 쿠파의 병영 인구는 대략 4만 명 정도로 늘어났다. 병사들과 함께 따라오거나 나중에 이주해온 수천 명의 아내들과 아이들의 수까지 더해졌기 때문이다.

군사와 민정을 책임지는 쿠파의 총독으로서 사아드는 늘 비난받는 일을 면치 못했다. 예를 들어, 사아드가 근처 시장에서 들려오는 소음을 막기 위해 관사 부지에 갈대 울타리를 치고 나무문을 달자, 칼리프는 밀사를 보내 문과 울타리를 태워버리도록 했다. 우마르는 그런 구조물은 총독과 지역주민 간의 친밀감을 가로막는 장벽이라고 설명했다. 사아드가 주민들에게 '상냥한 어머니처럼' 굴었다는 정보도 있긴 하지만, 그에 못지않게 불평의 소리들도 많았다. 한 비판자에 따르면 그는 불공정한 재판관이었고, 하루에 다섯 번 공식적으로 치러지는 기도 의식, 즉 살라트(salat)도 제대로 수행하지 않았다고 한다. 진실이야 어찌됐든 결국 우마르는 사아드를 자리에서 물러나게 한 다음 메디나로 불러들였다.

"물에 빠뜨려 죽인 자 그 역시 물에 빠져 죽을 것이고,
불에 태워 죽인 자 그 역시 불에 타 죽을 것이다."

그러나 이 같은 일에도 불구하고 644년, 불만을 품은 한 기독교 노예가 칼리프에게 치명적인 부상을 입혔을 때, 사아드는 칼리프의 기억에 영원히 남을 만한 충직함을 보여주었다. 임종을 앞둔 우마르는 사아드를 칼리프의 후계자를 선출하는 예언자의 원로 동료들로 구성된 협의회, 슈라(shura)의 일원으로 임명했다. 그리고 그는 슈라가 원한다면 사아드를 칼리프로 지명할 수

기도의 의무

이슬람의 다섯 기둥 중 하나인 기도는 무슬림이 실천해야 할 가장 중요한 의무로 여겨진다. 초기 이슬람 시대 이후 무슬림들은 하루에 다섯 번씩 의무를 수행했다. 기도 시각을 알리는 무에진이 "기도는 잠자는 것보다 낫다"고 외치는 권고의 소리가 울려퍼지면, 무슬림들은 새벽녘부터 일어나 기도를 시작한다. 그리고 나머지 네 번의 기도는 정오 직후, 늦은 오후, 일몰 직후 그리고 밤중에 행해진다. 아래 그림에서, 버누스이 메카의 카바에서서 마을 전역에 기도 시간을 알리고 있다.

있고, 만약 그렇지 않을 경우 후계자로 임명된 자는 이 충직스런 장군과 함께 국사를 논의해야 한다는 뜻을 협의회에 분명히 밝혔다고 한다.

그러나 슈라는 협의회의 일원이자 돈 많은 메카 인인 우스만을 칼리프로 지명했다. 새 칼리프는 나머지 협의회 동료들의 영향력을 축소시키고 수많은 고위 관리직을 자신의 친척인 우마이야 가문의 사람들로 채우는 등, 수십 년간 전횡을 일삼았다. 아라비아 전역에서 우스만에 반발하는 봉기가 일어났다. 656년 이라크와 최근에 복속된 이집트의 주를 대표하는 대규모 아랍 군대가 불만을 토로하기 위해 메디나에 왔다. 우스만이, 자신들이 토로한 불평에 응답하지 않자 아랍의 병사들은 일제히 칼리프의 궁전을 습격했다. 그는 그곳에서 〈쿠란〉을 읽고 있던 중이었다. 머뭇거릴 것도 없이 그들이 칼리프에게 돌진하여 칼로 찌르자, 무릎에 펼쳐져 있던 성스러운 책 위로 붉은 피가 왈칵 쏟아졌다.

일단 한번 뽑아든 칼은 집어넣기 힘들다. 폭도들의 도움으로, 슈라의 저명한 인물인 알리가 스스로 칼리프 직에 올랐다. 알리는 무함마드의 사촌이자 피후견인으로 초기 개종자 중 한 명이었다. 뿐만 아니라 그는 무함마드의 딸인 파티마의 남편이기도 했다. 그는 세 차례나 칼리프 후보에 올랐으나 예언자의 동료들은 그에게 그런 영광을 부여하지 않았다.

이제야 그는 선망의 직책에 오르게 되었다. 하지만 그의 제국은 혼란의 불구덩이 속으로 빠져든 지 오래였다.

피트나(fitna, 시련기)인 첫 번째 무슬림 내전이 이렇게 시작되었다. 칼리프에 오르자마자 알리는 무함마드의 가장 나이 어린 미망인 아이샤와 결탁한 예언자 동료 집단의 도전을 받았다. 그리고 656년 남부 이라크 마을 바스라 근방에서 벌어진 낙타 전투에서 그들의 도전을 당당히 무찔렀다. 참고로, 이 전투는 격전이 벌어지는 전장 주변에서 고함과 격렬한 몸짓으로 병사들을 독려하던 아이샤의 모습에서 그 이름을 따왔다. 낙타 전투는 무슬림끼리 벌인 최초의 대전투였고, 우스만의 살해처럼 위험한 선례로 남겼다.

그 다음해 알리는 좀더 심각한 도전에 직면하게 되었다. 이번에는 살해된 우스만의 사촌이자 다마스쿠스의 총독인 무아위야로부터였다. 무아위야는 알리에게 도전할 만한 합당한 이유가 있었다. 그는 친척의 죽음을 복수하려 했을 뿐만 아니라, 칼리프가 되고 싶어 혈안이 된 상태였다. 657년 그들은 대전투를 벌였지만 휴전상태로 끝을 맺었다. 그러나 이슬람 지도자로서 알리의 시대는 그리 오래 가지 못했다. 661년 알리는 쿠파 모스크에서 불만을 품은 한 추종자의 독검에 찔려 살해되었다. 무아위야는 이제 개인적인 복수에 만족하지 않고 칼리프 직까지 요구할 수 있는 상황에 이르렀다.

수년 전 예언자를 위해 피를 흘렸고 이라크에서 이슬람을 위해 혁혁한 공로를 세웠던 노병 사아드 이븐 아비 와카스는 내전 기간 동안 엄격하게 중립을 지켰다. 그는 합법적인 자격을 갖췄는데도 한 번도 칼리프 직을 요구하지 않았다. 대신 메디나의 자택에서 내란상황을 조용히 지켜보았다. 그리고 10년 후 피살된 3명의 칼리프들과 다르게 평온하게 생을 마감했다.

내란 이후, 무아위야는 칼리프로서 자신의 지위를 공고히 할 수 있는 충분한 지지를 확보했다. 그러나 일련의 투쟁들은 무슬림 사회에 지울 수 없는 상처를 남겼고, 이슬람 세계는 이제 고질적인 후계자 문제로 골머리를 앓았

무슬림들이 무함마드의 사촌이자 사위 그리고 제4대 이슬람 칼리프이기도 한 알리에게 충성을 바치고 있다. 그러나 정적 당파간의 갈등은 끊임없는 분란을 일으켜 결국 이슬람 사회는 시아와 수니라는 2대 당파로 나뉘게 된다.

다. 무아위야의 정통성을 인정하는 무슬림 집단은 수니 파라는 이름으로 알려졌다. 알리의 지지자들은 시아(당이라는 뜻)라 불렸다. 시아 파는 알리의 두 아들을 적법한 계승자로 생각했는데, 이는 그들이 무함마드의 딸 파티마의 자식이자 예언자의 직계 후손이란 근거에서였다. 제3당파인 카와리지 파(이탈자)는 시아 파에서 탈퇴한 무슬림 집단으로, 칼리프는 전 무슬림 성원에 의해 선출되어야 한다고 주장했다. 그들의 주장에 따르면, 칼리프는 드높은 신앙심과 도덕성을 갖춘 인물이어야 했다. 일부 카와리지 파 무슬림들은 다른 종파의 무슬림들을 살해 대상의 이교도로 생각했고, 그런 까닭에 알리를 살해한 자객도 이 카와리지 파에서 나올 수 있었다.

가족 계보상 무아위야는 이 같은 문제를 다룰 수 있는 충분한 자격을 갖추었다. 그의 부친 아부 수프얀은 메카에서 무함마드의 반대세력을 이끌던 사람이었다. 사실 무아위야는 '간을 먹은 자의 자식'으로도 불렸는데, 이는 625년 무슬림과 메카 인 간의 전투가 끝난 후, 그의 어머니가 무함마드의 삼촌 중 한 명의 시체를 절단한 뒤 복수행위로 그의 간을 먹었다는 이야기에서 유래된 것이다. 후에 무아위야의 여동생은 무함마드와 결혼을 했고, 그의 아버지는 이슬람으로 개종했으며, 무아위야 역시 예언자의 비서(그 당시 글을 아는 17명의 메카 인 중 한 명이었다고 함)로 봉직했다(간을 먹었다는 그의 어머니는 이슬람과 화해를 했는지는 알려져 있지 않다).

639년 다양한 행정관리직을 성공적으로 수행한 뒤, 무아위야는 시리아의

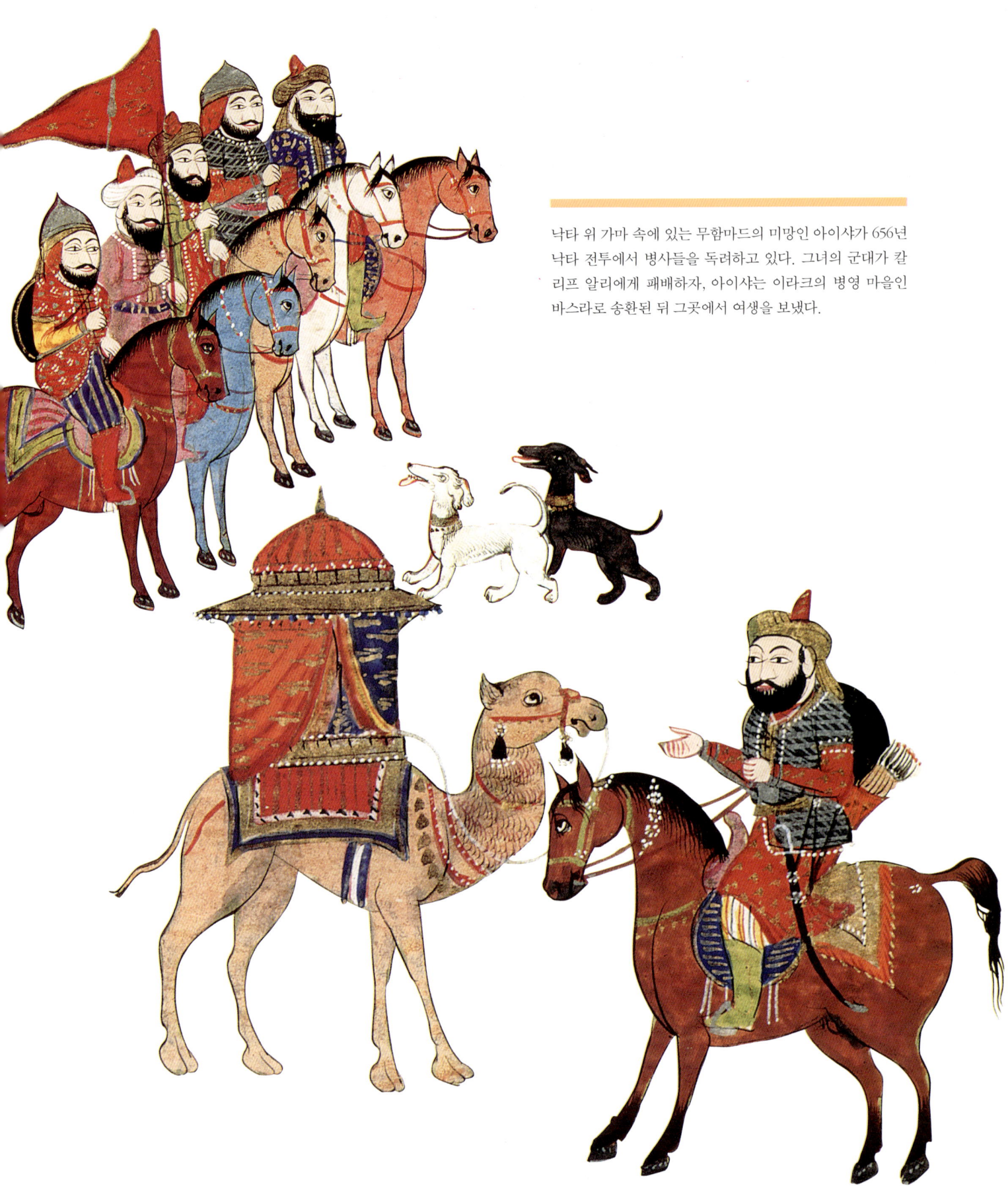

낙타 위 가마 속에 있는 무함마드의 미망인 아이샤가 656년 낙타 전투에서 병사들을 독려하고 있다. 그녀의 군대가 칼리프 알리에게 패배하자, 아이샤는 이라크의 병영 마을인 바스라로 송환된 뒤 그곳에서 여생을 보냈다.

총독으로 임명되었다. 그는 200여 척의 아랍 해군을 이끌고 지중해 동부에서 비잔틴 함대를 대파시킴으로써 혁신적인 군지휘관임을 증명해 보였다. 그는 또한 약삭빠른 정치가이기도 했다. 이라크와 이집트 병영마을에 적용된 격리 정책과 반대로, 그는 다마스쿠스와 그밖의 도시에 배치된 병사들에게 주민들과 어울리며 생활할 것을 권장했다. 또한 총독으로서 자신의 위치를 강화하기 위해, 그는 토착 세력과 긴밀한 동맹관계를 맺는 일에 총력을 기울였다. 무아위야의 가장 중요한 연합세력은 칼브 족으로, 이들은 사산 군과 늘 잦은 충돌이 벌어졌던 지역을 방어하기 위해 과거 비잔틴 제국에 의해 고용된 시리아 부족이었다. 무아위야는 칼브 족장의 딸과 결혼함으로써 정치적 결속력을 더욱 공고히 했다. 뿐만 아니라 시리아 인들이 대부분 기독교인이라는 점을 감안하여, 그는 다마스쿠스에서 비잔틴 제국을 위해 봉직했던 그리스 정교 가문의 사람을 조언자로 받아들였다. 아랍의 수도를 아라비아 반도에서 벗어난 지역인 다마스쿠스로 옮긴다는 무아위야의 결정은 메디나 지역의 분노를 사기에 충분했다. 하지만 그리 놀랄 만한 일은 아니었다.

무아위야는 잠재적인 분쟁의 소지들로 가득한 이슬람 세계 중 특히 이라크를 주시했다. 그곳의 기세등등한 아랍 부족들은 곧 소요를 일으킬 것 같은 분위기였다. 무아위야는 그들의 고충을 잘 이해했다. 부족민들은 습격을 일삼는 전사이며, 중앙정부의 명령에 익숙지 않은 지극히 독립적인 유목민이었다. 무아위야는 그들의 관심을 딴 데로 돌릴 수 있는 자극제가 필요하다고 판단했다. 결국 그는 지하드를 통한 영토 확장의 방법을 선택했고, 이슬람은 또다시 진군에 나섰다.

아랍 전사들은 놀라울 정도로 성공가도를 달렸다. 667년, 그들은 동쪽 부하라와 사마르칸트의 도시들을 불시에 공격하기 시작했고, 671년 무아위야는 혼잡한 이라크의 병영도시에 살고 있던 5만여 명의 부족민과 그 가족들을 새로 정복한 호라산으로 이주시켰다. 서쪽으로는 북아프리카 지역을 치고 들어가 카이라완(지금의 튀니지)이라는 병영마을을 건설했다. 그리고 북쪽으로는 지중해의 로도스와 크레타 섬을 점령했고, 심지어 비잔틴 제국의 수도인 콘스탄티노플까지 포위공격을 시도했다.

무아위야는 오래된 아랍의 외교술인 힐름(hilm, 잔꾀와 인내 그리고 교묘한 속임수의 결합)을 이용해 점점 방대해지는 그의 제국에 안정을 꾀했다. 그는 가능하면 무력보다는 말로 설득하려 했고, 타민족이 굴욕감을 느끼지 않고 협력할 수 있도록 정중히 대했다. 그는 관용과 책략, 뇌물을 이용했다. 그는 새 정책의 장점들을 알리고 칭송의 소리를 듣기 위해 아랍 부족의 지도자를 궁전으로 초대했다. 그런 다음 그들에게 적당한 선물을 안겨준 뒤 각자 고향으로 돌려보냈다. 그의 조언자가 선물을 준비하는 데 얼마의 비용이 들었느냐는 질문에, 그는 "전쟁 비용보다는 적소이다!"라고 대답했다. 그는 통치 원리를 다음과 같이 명쾌하게 설명했다. "나는 돈을 이용할 수 있을 때는 목소리를 사용하지 않고, 목소리를 이용할 수 있을 때는 채찍을 사용하지 않으며, 채찍을 이용할 수 있을 때는 칼을 사용하지 않는다." 그런 다음, 이미 내란에서 흘린 피가 떠올랐는지, "하지만 칼을 꼭 사용해야 한다면 그때는 그럴 것이다"라고 덧붙였다.

무아위야는 시리아 외부의 복속 지역은 직접 엄선한 총독들을 통해 간접 통치를 했고, 그들 대부분은 그의 가족이나 우마이야 가문의 사람들로 채워졌다. 그는 그들에게 상당한 자치권을 부여했다. 각 주의 총독들은 군대를 조직하고, 영토확장을 위한 정복활동에 나섰으며, 세금관리와 질서유지뿐만 아니라 공동예배도 이끌었다. 심지어 그는 금·은화도 주조했는데, 흥미롭게도 이라크 화폐에는 과거 사산 왕조의 왕 중 한 명의 초상화 아래로 무아위야와 칼리프의 공식 명칭인 '신도들의 통솔자'란 글자가 새겨져 있었다. 아랍의 총독들은 전임자 아래서 일했던 관료들과 토착민 서기들을 그대로 채용했는데, 이는 말썽 많은 부족민들이 복잡한 국사와 재정에 가담하는 것을 막

기 위함이었다.

무아위야의 최고 실세로 꼽히는 총독은 이라크의 병영마을인 바스라에 임명된 지야드였다. 메카 근처 타이프에서 창녀의 아들로 태어난 지야드는 생부를 모르는 사생아였다. 젊은 시절 그는 바스라에 정착했고, 이곳에서 칼리프 알리가 무함마드의 아내 아이샤의 도전을 무찌르는 격변을 경험했다. 그는 칼리프 직을 요구하는 알리를 지지했으며, 그 덕에 페르시아 남서쪽 지방의 총독으로 임명되었다. 무아위야는 칼리프에 오르자마자 지야드를 자기편으로 끌어들이기 위해 온갖 수단을 다 동원했다. 사실 무아위야는 지야드가 부친인 아부 수프얀의 아들이자 자신의 이복동생임을 공식적으로 선포할 정도로 그의 충성을 얻고자 했다. 결국 지야드는 세도가문인 우마이야 씨족의 일원이 되었다.

이라크에 여전히 강력한 지배가 필요하다는 것을 깨달은 무아위야는 665년, 새 이복동생을 바스라로 보내 총독의 자리에 앉혔다. 병영마을에 도착하자마자 지야드는 모스크에서 감동적인 취임연설을 했

무슬림 제국이 팽창하면서 아랍의 장인들은 복속한 지역의 수많은 예술적 기교들을 받아들였다. 마을의 집들을 묘사한 이 다마스쿠스 대모스크의 모자이크는 모자이크 예술에 조예가 깊은 과거 비잔틴 제국의 왕들의 영향력을 보여준다. 이 대모스크는 비잔틴 교회의 옛터에 세워졌다.

다. 그는 질서를 강요하고 개인 및 가족간의 복수 행위를 종식시키려는 자신의 의도를 분명히 밝혔다. 그는 운집해 있는 마을 사람들에게 다음과 같이 연설했다.

"모든 범죄에는 응당한 처벌이 내려질 것이다. 물에 빠뜨려 죽인 자는 그 역시 물에 빠져 죽을 것이고, 불에 태워 죽인 자는 그 역시 불에 타 죽을 것이다. 주거를 침입한 자는 그 역시 심장을 침입당할 것이고, 무덤을 파헤친 자는 그 역시 산 채로 묻히게 될 것이다."

지야드는 부족 지도자들이 마을 사람들의 선행을 책임지게 될 것이란 사실을 유포했고, 거리를 순찰할 4,000여 명의 보병과 기병부대를 창설했다. 그는 또한 야간 통행 금지령을 발표했으며, 위반시에는 교수형에 처하도록 했다. 법 집행 초반기, 베두인 한 명이 다음날 아침 낙타 젖을 팔기 위해 낙타를 타고 도시로 들어오다 발각되었다. 그는 즉시 체포되어 지야드 앞으로 끌려갔다. 총독은 통행 금지령을 몰랐다는 사내의 말을 진실로 믿었다. 그러나 나머지 주민들에게 선례를 남기기 위해 법은 집행되어야만 했다. 지야드의 명령에 따라 사내는 교수형에 처해졌다.

잔인하긴 했지만, 지야드의 방법은 확실히 바라던 효과를 낳았다. 이야기에 따르면, 통금령이 처음 시행된 다음날 아침, 바스라 요새 성문 주위를 얼쩡거리던 사람은 700여 명 정도였다고 한다. 둘째 날 아침에는 50명, 셋째 날 아침에는 한 사람으로 줄다 결국 그 이후에는 개미새끼 한 마리 보이지 않았다. 지야드는 냉혹할 정도로 엄격하게 자신의 주장을 관철시켰다. 그는 완고했지만 공명정대했고, 그 덕분에 많은 존경을 받았다.

지야드는 과거 사산 왕조에서 행해졌던 방식들을 그대로 차용하여 관료적 절차를 형식화했다. 예를 들어, 그는 문서보관서를 따로 마련하여 공식문서들을 밀랍으로 봉한 뒤 자신의 인장을 찍게 했다. 인장에는 공작의 모습을 새겨놓았다. 그리고 다마스쿠스의 밀사가 봉인되지 않은 문서를 위조하는 사건이 벌어지자, 그는 칼리프를 설득하여 중앙정부에 문서보관서를 창설하도록 조언했다. 그래서 칼리프가 서명한 문서들은 무조건 문서보관서로 옮겨져 복사되었다. 최초의 원본은 둥글게 말아서 묶고 밀랍으로 봉한 다음, 비밀을 유지를 위해 특별한 인장을 찍었다.

한 켠에서는 이런 형식적인 관료주의는 무아위야가 칼리프 체제를 전통적인 군주제로 바꾸려는 시도의 일환이라고 비난했으며, 이는 일부 사례를 통해 증명되었다. 고대 제국의 통치자들처럼, 무아위야와 총독들도 백성들로부터 점점 멀어져갔다. 숱한 암살의 위협을 느낀 무아위야는 24시간 자신을 경호할 왕실 근위대를 창설했고, 다마스쿠스 대성전에 따로 기도실을 마련했다. 그는 하지브(문지기)란 직책을 두어 매일 넘쳐나는 알현객들을 단속하는 일을 맡겼다. 무아위야를 알현할 수 있는 허락은 대개 사회적 지위 또는 칼리프의 총애를 받는 동료나 친척들의 부탁에 의해 이루어졌다. 어떤 문지기는 탄원자를 열심히 제지하다가 탄원자의 주먹에 코가 부러지기도 했다. 반면, 양모 외투 차림으로 칼리프의 처소 앞에서 1년 정도를 기다린 끝에 최고 권력자를 만나는 데 성공한 끈질긴 방문객도 있었다.

칼리프 제의 폐지에 대한 의구심들은 무아위야가 후계자 문제로 자신의 입장을 표명할 때 확연히 드러났다. 그는 자신이 사망하면 칼리프 직은 아들 야지드가 이어받게 될 것이라고 선언했다. 아직 계승권에 대한 명확한 규정이 정해진 것은 아니었지만, 통상 칼리프 직은 공식적이든 비공식적이든 측근 그룹 안에서 선출되었다. 무아위야는 현 칼리프 가문의 또 다른 우마이야 인을 지목함으로써, 아랍 인들에게 낯선 개념인 세습왕조를 주창하고 있었다.

칼리프 직의 세습은 대제국으로 성장한 당시 아라비아의 실정을 고려할 때 확실히 매력적으로 다가왔다. 칼리프가 죽으면 그 지위가 자동적으로 아들에게 계승되기 때문에 선거와 관련된 혼란과 불안을 피할 수 있었다. 그러나 이 같은 문제에 관해 부족 지도자들의 합의를 얻는 것은 쉬운 문제가 아니다.

따라서 무아위야는 모든 외교적 기술(힐름)을 동원해야 했다.

하지만 칼리프가 지적한 대로, 외교술과 감언이설이 실패하면 최후의 선택은 협박하는 일밖에 없다. 다음은 무아위야가 칼리프의 세습체제를 널리 알리기 위해 가졌던 한 모임에서 일어났던 일이다. 참석한 사람들 중 일부가 반대를 표시하자 한 부족민이 일어나서 칼을 뽑아들었다. "신도들의 통솔자는 이 분이오!" 그는 무아위야를 가리키며 소리쳤다. "그리고 이분이 돌아가시면 다음은 저분이오!" 그는 칼리프의 아들 야지드를 가리키며 소리쳤다. "그리고 누구든 반대하면 그때는 이것이 가만 있지 않을 것이오!" 그는 손에 쥐고 있던 칼을 위로 높이 쳐들었다. 마침내 모든 상황을 지켜보던 칼리프가 입을 열어 "당신은 최고의 웅변가요"라고 선포했다.

무아위야는 여생을 편히 보낼 수 있었다. 그는 짧은 재위 기간 동안 장기간 평화와 번영의 시대를 이끌었고, 후계자 문제도 그의 바람대로 이루어졌다. 결국 원로 동료 협의회로부터 야지드를 차기 칼리프로 승인받는 쾌거를 이룩한 후, 그는 680년 80세의 나이로 세상을 떠났다. 무아위야는 다마스쿠스의 성문 옆에 묻혔다. 그리고 그의 육신은 그가 메디나에서 무함마드의 비서로 일했던 시절부터 지니고 다녔던 작고 오래된 유품(예언자의 머리카락과 손톱)들과 함께 안치되었다.

이슬람 영역

"위대한 신이시여! 만약 이 바다가 나의 진군을 막지 않는다면, 나는 유일신의 이름으로 통일되길 설파하고, 당신 이외의 신들을 숭배하는 불신자 종족들을 칼로 죽이며 미지의 서방 왕국으로 계속 나아갈 것입니다."

681년 모로코 해안가를 따라 진군하던 무슬림 사령관 우크바 이븐 나피는 그렇게 선포했다. 그러나 알라의 이름으로 착수한 우크바의 군사원정은 대서양에 의해 중단되었지만, 무슬림 신앙의 전파는 단지 시작에 불과했다.

무슬림의 정복활동은 633년 예언자 무함마드가 사망한 이듬해에 시작되었고, 아랍 전사들은 기름진 밭과 물 그리고 부를 좇아 무덥고 메마른 고국을 떠났다. 물론 알라의 은총을 함께 나눌 새로운 개종자를 찾아나선다는 교세 확장의 목적도 있었다. 20년에 걸쳐, 그들은 비잔틴 제국과 사산 왕조를 무너뜨렸고, 팔레스타인, 이집트, 이라크 그리고 페르시아의 대부분 지역을 정복했다. 그러나 제국의 영토가 두 배 이상 크게 확장된 때는 우마이야 왕조에 이르러서였다. 당시 무슬림들은 두 번째 대정복 활동을 통해 동시다발적으로 서유럽, 북아프리카 그리고 중앙 아시아에 대해 지하드를 수행했다. 750년경 이슬람 제국의 영토는 대서양 연안에서 오늘날 파키스탄의 인더스 강 계곡까지 확장되었다. 이후 7세기 동안에는 아프리카의 사하라 이남 지역, 아프리카 동부 해안 그리고 중국과 인도의 일부 지역까지 진출했다. 뿐만 아니라 이슬람 신앙은 말레이 반도와 인도네시아의 섬에도 뿌리를 내렸다.

대부분 무력이 동원되가는 했지만, 새로운 아랍의 지도자를 자발적으로 받아들여 비교적 온화한 식민통치를 받은 복속 지역도 있었다. 아랍 인들은 대개 지방의 통치자들에게 행정업무를 일임했고, 현존하는 땅의 이름을 그대로 보존했으며, 이슬람 이외의 다른 종교도 용인했다. 그러나 군사적 또는 평화적 수단에 상관없이, 아랍 인의 통치 아래 복속된 땅들을 통일하고 알라의 믿음을 전파하려는 그들의 사명감만큼은 분명했다.

예언자 무함마드의 깃발을 앞세워
교세 확장을 위해 서방세계로 진군하는
아랍의 전사들을 묘사한
스페인 채식 사본.

북아프리카

  아랍의 두 번째 대정복 물결이 북아프리카로 번졌고, 그 결과 마그리브로 알려진 지역이 최초로 복속되었다. 670년경 이슬람 군대는 알제리와 모로코에 대한 영토확장의 기지로서 카이라완과 튀니지에 거대한 군사 주둔지와 종교 중심지를 세웠다. 아프리카의 지중해와 대서양 연안에 살고 있던 종족들은 기꺼이 이 신흥종교를 받아들인 반면, 내륙의 유목 민족인 베르베르 족은 개종에 저항했다. 그러나 12세기경, 그들 역시 이슬람을 포용했고, 1153년에는 틴말에 견고한 금요 모스크(Friday Mosque)를 건설했다.

사라센의 시칠리아

　시칠리아 섬(배경)은 827년 튀니지의 이슬람 계 아글라브 왕조가 비잔틴 지배하에 있던 시칠리아를 점령한 이후 아랍과 유럽 세계를 잇는 가교 역할을 했다. 팔레르모에 수도를 정한 아랍 인들(이곳에서는 사라센 인으로 알려짐)은 250년간 경제적 번영과 함께 예술, 과학 그리고 학문의 계몽시대를 열었고, 이슬람과 기독교가 평화롭게 공존하도록 노력했다. 심지어 노르만 민족이 1060~1091년에 걸쳐 시칠리아 섬에서 사라센 인들을 축출한 후에도 아랍 문화는 그대로 보존되었다. 기독교도인 루지에로 1세와 루지에로 2세는 아랍 양식의 궁전을 고수했고, 이슬람 관습을 용인했으며, 이슬람 예술과 건축 그리고 문화를 옹호했다. 붉은 돔 지붕의 산 카탈도(왼쪽) 성당은 1160년에 세워졌고, 이슬람의 영향을 받은 팔레르모의 가장 뛰어난 기념물 중 하나로 남아 있다.

| 서아프리카

    아랍 군대의 침략을 통해 이슬람이 유입된 마그리브와 시칠리아 주민들과 다르게, 사하라 사막 이남의 서아프리카 인들은 광활한 사하라 사막(배경)을 경유하는 대상이나 황금을 좇아 북에서 대서양 연안으로 내려온 교역업자들을 통해 이슬람을 알게 되었다. 이 무역업자들과 함께 이슬람 개종자와 학자들이 아프리카로 들어왔고, 그 중 상당수는 구불진 니제르 강에 정착했다. 11세기경, 수많은 지역 유지들이 전통적인 토템 신앙(동물숭배)을 버리고 이슬람으로 개종했으며, 도시 팀북투는 대표적인 이슬람 상업 및 교육 중심지가 되었다. 이 니제르의 아가데즈에 있는 것처럼, 니제르 강에 인접한 메마른 땅에는 햇볕에 구운 흙으로 지은 모스크와 광탑(光塔)들이 공통점을 뽐내며 서 있었다.

이슬람화한 인도

　713년 초, 이슬람 교세 확장에 나선 아랍 군대는 페르시아와 아프리카에서 동쪽 인더스 강 계곡으로 눈을 돌렸다. 그러나 그들이 인도 중부(배경)를 공격한 뒤 대륙 대부분을 정복하고 델리와 외딴 지방에 술탄(이슬람 교국의 군주─옮긴이)의 나라를 세운 것은 11세기의 일이었다. 델리에서 이룬 승리를 기념하기 위해, 새로운 통치자 쿠트브 앗 딘 아이바크는 1192년 델리의 힌두 교 및 자이나 교 신전 터에 쿠트브 광탑(위)과 모스크를 세웠다. 아랍 어와 산스크리트로 비문을 새긴 이 광탑은 인도에서 가장 오래된 이슬람 기념물로 꼽힌다.

중앙 아시아

　종종 '세계의 지붕' 이라 불리는 중앙 아시아의 파미르 산맥(배경)은 오래 전부터 상업과 문화 그리고 종교의 교차로 역할을 해왔다. 중국과 서양을 잇는 고대 실크로드가 길게 뻗어 있는 이 최고도의 지역은 이미 8세기 때 토착 투르크 부족간의 분열 양상을 이용하여 아랍 인들이 습격하기 시작했던 곳이었다. 10세기경 북쪽 지방에 위치한 도시 카슈가르의 지배자는 이슬람으로 개종했고, 1세기 후에는 불교신자였던 주민들이 그의 예를 따랐다. 13세기에는 몽골 족에게 복속되었고 현재는 중국의 일부가 되었지만, 이곳 주민들은 여전히 이슬람을 믿는 무슬림들이다. 1442년에 완성된 노란색 타일로 치장된 카슈가르의 아이드카 모스크(왼쪽)는 중국에서 가장 큰 이슬람 건물이다.

2 ∷ 칼리프의 치세

예언자의 성스러운 망토를 걸친 칼리프 하룬 알 라시드는 이슬람 최고의 성스런 제단인 카바에 올라선 뒤 구름 떼처럼 몰려든 추종자들의 행렬을 내려다보았다. 전방에 는 제국의 지도층 수뇌부, 최고 명문가의 수장들 그리고 고위 관리들이 자리했고, 그들은 모두 왕조에 봉직하는 관리들의 공식 제복인 짙은 흑색 로브(길고 헐거운 겉옷)로 몸 전체를 가리고 있었다.

메카 순례는 남자 신도라면 평생에 적어도 한 번은 신앙심을 증명하기 위 해 실천해야 하는 강령 중 하나였다. 그래서 하룬 역시 군대와 조신들의 경 호를 받으며 순례길에 나섰고, 유프라테스 강 유역의 라카를 출발하여 남쪽 1600여 km에 이르는 고대 무역로를 경유한 끝에 이 성지에 도착했다. 칼리 프는 가장 화려한 가마를 타고 아라비아 사막을 건넜고, 부족함이 없을 정도 로 안락하게 꾸며진 대형 천막에서 잠을 잤지만, 메카 순례는 그리 녹록한 여정은 아니었다.

메카로 가는 것은 하룬에게는 영적인 여행이면서 동시에 정치적인 여행이 기도 했다. 802년 순례 당시, 칼리프의 나이는 40세에 불과했다. 그러나 그 는 이미 눈앞에 죽음이 조금씩 다가오고 있음을 느끼기 시작했다. 칼리프는

유럽 류트(기타와 비슷한 14~17 세기의 현악기-옮긴이)의 전신 인 아랍 악기 우드(페르시아의 현악기 바르바트를 개량한 것으로 기타와 모양이 비슷함-옮긴이) 를 연주하는 악사의 음악을 듣 고 있는 귀족 여성과 하녀들. 정원의 배경, 화려한 색상의 여자들 옷 그리고 여주인의 황 금 머리 장식은 중세 이슬람 귀족들의 사치스럽고 즐거운 삶을 일깨워준다.

지금이야말로 왕조의 미래를 위해 결단을 내릴 때라고 생각했다.

하룬 알 라시드는 예언자의 숙부 중 한 명인 알 아바스의 직계 자손임을 주장하는 아바스 가문 출신이었다. 8세기 중반, 아바스 계는 페르시아 동부의 요새를 박차고 나와 661년 이래 우마이야 왕조가 쥐고 있던 이슬람 제국의 통치권을 무력으로 탈취했다. 아바스 왕조의 새 지배영역은 인더스 강에서 알제리 변방지역까지 동서로 6,500km에 이르며, 카프카스 산맥의 작은 산에서 아라비아의 도시 사나까지 남북으로 3,200km에 이르렀다.

아바스 왕조는 옛 우마이야 왕조의 수도였던 시리아의 다마스쿠스를 포기하고 이라크의 바그다드에 신제국 도시를 건설하는 등, 이슬람 세계의 정치지도를 다시 그렸다. 아랍 혈통인데도 그들은 페르시아 계 이웃으로부터 수많은 문화적 영향력을 흡수했다. 또한 이슬람 국가 정부의 인재등용 정책에 신포괄주의를 도입하여, 비아랍 계 개종자, 유대 인, 기독교인, 조로아스터교인 그리고 불교신자를 제국 내의 크고 복잡한 관료조직에 참여시켰다.

아바스 왕조의 제5대 칼리프인 하룬 알 라시드는 가계 존속의 계획을 선포하기 위해 이슬람 최고의 성지에 있는 제단 카바로 온 것이었다. 아바스 왕조는 장자 상속권을 고수하지 않았고, 칼리프의 장자가 자동적으로 권좌를 물려받는다고 생각하는 사람도 없었다. 하룬은 후계자를 마음대로 지명할 수 있었다.

칼리프 양쪽에는 16세 동갑의 두 아들, 아민과 마문이 서 있었다. 하룬은 자신의 뒤를 이을 차기 칼리프는 아민이고, 이복동생인 마문은 형의 뒤를 잇게 될 것이라는 바람을 만천하에 선포했다.

이 발표가 있기 전, 하룬은 2명의 후계자와 개별면담을 가졌으며, 각자 원하는 조건을 조율한 뒤 문서로 작성하여 서명까지 받아냈다. 서명한 두 문서 (메카 규약으로 알려짐)는 이제 넘겨받아 아바스 왕조의 최고 지도층들이 운집한 회합 장소에서 큰 소리로 읽혔다. 의식이 끝나면 그것은 조심스럽게 말린 다음 카바 안에 보관될 것이다. 참석자 가운데 이 같은 행동의 중요성을 알아차리지 못한 사람은 없을 터였다. 하룬은 자신의 정치적 의지를 신앙의 문제로 승격시켰던 것이다.

칼리프의 지위는 아민에게 계승되었지만, 하룬은 마문을 하릴없이 놀도록 내버려둔 것은 아니었다. 그는 마문을 제국 북동쪽 변방에 위치한 호라산의 총독으로 임명하고, 수도에서 수주일간 힘겹게 여행해야 도착할 수 있는 그 땅에 실질적인 자치권을 부여했다. 호라산은 아바스 계 권력의 발상지였지만, 광활한 산과 사막, 지독하게 배타적인 토착부족 그리고 페르시아의 영향이 여전히 강하게 남아 있는 도시들로 구성된 제국의 주변부에 해당했다.

809년 초 봄, 사마르칸트에서 발생한 봉기를 진압하기 위해 군사원정을 행하던 중, 하룬 알 라시드가 병에 걸려 세상을 떠났다. 바그다드에 있는 젊은 칼리프와, 사망한 부친의 군대와 함께 동정(東征)에 나선 그의 이복동생은 서로 경계의 눈빛을 늦추지 않았다. 그리고 사실 두 형제 사이에는 남아 있는 정도 없었다.

아민과 마문은 서로 배다른 형제였다. 아민은 아바스 왕조의 공주이자 하룬 알 라시드의 정식 아내인 여왕 주바이다의 아들이었다. 반면, 마문의 어머니는 페르시아 인 첩으로, 패배한 호라산 폭도의 딸로 추정되며, 그를 낳자마자 세상을 떠났다. 그들은 어린 시절 하렘에서 부친이 중년시절 가르침을 받았던 가정교사로부터 아랍 어의 기본 문법과 시를 함께 배웠다. 하지만 그들을 따로 떼어놓는 것이 좋겠다고 판단한 하룬은 결국 각자 다른 선생 밑에서 교육받도록 했다. 그들은 각각 궁전 안에서 권력 암투를 벌이는 비호세력들의 지지를 받으며 성장했다. 부친의 사망 이후, 바그다드에 있는 새 칼리프와 변경 호라산을 통치하는 이복동생 간의 긴장은 점점 더 고조되어갔다.

동부 주에 대한 자치권, 군대 배치와 몰수한 재산의 처리, 칼리프라는 언급 없이 자신의 얼굴을 새긴 화폐 주조 등에 관한 마문의 요구와 아민의 반

대가 치열하게 격돌하는 사이, 1,600km를 사이에 둔 바그다드와 마문의 근거지인 메르프는 지리적 거리만큼이나 완전히 멀어져갔다. 그리고 부친이 사망한 지 채 2년도 지나지 않아, 결국 두 형제는 전쟁을 선포했다.

아민은 바그다드의 귀족들로부터 지지를 얻었다. 대부분 페르시아 동부 출신인 마문의 지지자들은 칼리프 체제에 오랫동안 불만을 품어온 여러 지역의 사회와 이익집단으로 이루어졌다. 양군대는 811년 5월 오늘날 테헤란에 속하는 도시 라이 근방에서 처음 격돌했다. 칼리프의 군대는 그곳에서 패배했고, 또다시 하마단에서도 맥을 못 추다 결국 바그다드로 퇴각했다.

공교롭게도, 그 당시 마문의 두 아들은 수도의 궁전에 머물러 있었다. 아민 군대의 총사령관이자 포악한 부족의 족장인 아사드가 두 소년을 생포해 정치적 볼모로 이용하자고 제안했다. 그러자 칼리프는 조카도 친자식으로 생각하는 아바스 왕조 관습에 어긋나는, 비윤리적인 행위를 모의하는 그에게 화를 내며 크게 꾸짖었다.

"베두인이여, 자네는 지금 제정신인가? 날더러 자식들을 죽이고 가족들이 피 흘리는 것을 지켜보라니. 그것은 진실로 사악하고 미친 짓이네!"

아사드에 대적할 만한 마문 군대의 총사령관은 타히르 이븐 알 후세인이란 사내였다. 타히르는 우마이야 왕조 때 메르프 남쪽 800km쯤에 위치한 마을 부샹에 정착했으나, 페르시아의 풍습을 받아들이며 이 지역에 동화된 지 오래된 아랍 지주 집안의 자손이었다. 타히르가 진두지휘한 속도전에 힘입어 반란군은 812년 8월 드디어 바그다드에 입성했다.

바그다드는 1년간 적의 포위공격을 가까스로 버텨냈다. 하지만 마침내 도시 방어벽이 무너졌고, 타히르는 칼리프를 추적한 뒤 생포했다. 813년 9월 26일 아침, 아민의 잘린 머리통이 도시 성문 중 하나에 모습을 드러내자 이슬람 세계는 충격에 휩싸였다. 아바스 왕조는, 알라의 보호 아래 칼리프가 세계를 통치하기 때문에 칼리프는 천하무적의 존재라는 믿음을 조심스럽게

대도시 바그다드를 묘사한 그림. 햇볕에 구운 벽돌 건물들이 티그리스 강 동쪽 제방 너머로 우뚝 솟아 있다. 아바스 왕조 시절 이슬람 제국의 수도였던 바그다드는 거대한 상업 중심지였고, 8세기 때 그곳을 창건한 칼리프 알 만수르의 말처럼, '세계의 시장'이었다.

품고 있었다. 하지만 마문을 대신해
행동에 나선 타히르가 그 환상을 단
번에 깨뜨려버렸던 것이다.

내란이 종식되기는커녕 아민의
죽음으로 이슬람 세계는 일순간 대
혼란에 휩싸였고, 그후 6년간 제국
전역에서는 파벌싸움과 봉기, 분리
주의 운동이 촉발되었다. 마문은 호
라산을 떠나지 않은 채 메카 규약의
조건에 따라 칼리프 직에 올랐고,
바그다드에는 그를 반대하는 세력들
이 여전히 남아 있었다. 817년 7월
바그다드의 주민들은 아바스 가문의
일원 중 한 명인 마문의 숙부 이브
라힘 이븐 알 마흐디에게 충성을 맹
세한 뒤 그를 칼리프로 옹립했다.

819년 모든 전쟁이 종결되었다. 마침내 마문이 호라산에서 돌아오자, 이브
라힘 이븐 알 마흐디는 은신처를 향해 쫓기듯 달아났다. 8월 1일 아침, 수도
의 주민들은 일렬로 늘어서서 적법한 칼리프가 개선의 팡파르를 울리며 바그
다드로 입성하는 것을 지켜보았다. 그러나 주민들은 눈앞에 펼쳐진 장면을
보고 깜짝 놀랐다. 측근인 호라산 장군들에게 둘러싸여 있던 마문은 외형상
아바스 계 칼리프라 할 수 없었다. 칼리프와 그의 신하들은 아바스 왕조의
전통색인 흑색을 버리고 녹색의 옷을 입고 있었던 것이다. 짧은 망토, 터번,
심지어 방패와 창에서 펄럭이는 깃발과 휘장까지도 모두 옛 사산 왕조를 상
징하던 색깔로 뒤덮였다. 참고로, 사산 왕조의 조로아스터 교도 통치자들은

9세기 바그다드 북서쪽 아바스 궁
전 안 하렘의 벽을 아름답게 장식
하고 있는, 우아한 옷차림의 궁녀
들. 궁녀들은 춤을 추면서 목이 긴
용기에서 초기 이슬람 유리병처럼
생긴 둥근 몸체로, 포도주를 따르
고 있다. 이슬람의 금주 강령에도
불구하고, 음주 파티는 여전히 수
많은 귀족사회에서 즐겨 행해지던
행사였다.

우마이야 왕조가 도래하기 전 페르시아를 지배했다.

완벽한 우연의 일치일까, 아니면 약삭빠른 시간 조절일까? 그것도 아니면 하늘의 뜻일까? 여하튼 칼리프의 바그다드 입성은 우연히도 해가 완전히 가리는 일식 때 벌어졌다. 군중들은 당연히 새 시대의 탄생을 예언하는 전조라 믿어 의심치 않았다. 스스로 아바스 왕조의 문화와 이슬람 정통성을 수호하는 세습자로 여겼던 바그다드의 아랍 가문들에게 앞으로 펼쳐질 미래는 그날의 하늘만큼 캄캄했다. 페르시아와 아랍의 피가 반반 섞인 새로운 칼리프는 오랜 조로아스터 교 전통이 여전히 살아 숨쉬는 땅에 수년간 머물렀다. 그의 측근 그룹에는 이슬람으로 갓 개종한 자뿐만 아니라, 심지어 불신자들도 있었다. 신앙과 국가는 과연 그의 통치 아래 안전할 수 있을까? 혼란의 저류를 감지한 타히르는 재빨리 마문을 설득하여 이질적인 녹색을 포기하고 친숙하고 편한 아바스 왕조의 흑색을 채택하라고 설득했다.

오랜 포위공격으로 심하게 훼손되었는데도 바그다드는 여전히 마문의 측근인 주의 장군들을 현혹시키기에 충분했다. 수용 인구 50만 명에 티그리스 강 제방 양편으로 65km^{2}의 대지가 길게 뻗어 있는 이곳은 거대한 도시 콘스탄티노플을 능가할 정도로 중동에서 가장 큰 대도시였다. 방문객들은 화려한 궁전, 모스크, 새소리로 가득한 향기로운 정원 그리고 최고급 상품을 구비한 시장들을 보며 경탄했다. 도시의 거리에는 다양한 아시아 어의 인사와 말다툼 소리, 잡담과 흥정소리들이 울려퍼졌다. 바그다드 태생이든 이주자든, 이곳 주민들은 도시의 만국적인 분위기를 자랑스럽게 여겼다.

어느 정도 궁정생활에 익숙해지자, 마문은 수도에서 가장 지적이고 유쾌한 사람들, 즉 좀더 사려 깊은 고위 장교와 철학자, 조신, 학자들의 명단을 작성하라고 비서

| 별들의 과학 |

"중국까지 가서라도 지식을 구하라." 예언자 무함마드는 그렇게 추종자들을 채근했다. 아랍의 수학자, 지도 제작자, 기술자, 물리학자 그리고 화학자들이 그의 말을 가슴에 품고 헌신을 다해 연구한 결과, 아랍 어는 600년 넘게 세계 과학의 언어로 존립할 수 있었다.

아랍 세계에서 큰 진보를 일궈낸 가장 중요한 분야는 바로 천문학이다. 여느 학문과 마찬가지로, 천문학도 대부분 고대의 문화, 그중에서도 페르시아와 인도, 그리스로부터 많은 것을 물려받았다. 그러나 아랍 인들은 기존의 지식에 머물지 않고 한 단계 높은 수준으로 끌어올림으로써 천문학사에 새로운 지평을 열었다. 그들은 새로운 별들을 발견했고, 현존하는 그리스 천문학 체계를 발전시켰으며, 지구의 대기 두께를 계산했다. 무슬림 천문학자들은, 지구가 둥글다는 확신 아래 모술 근처를 선회하는 자오선의 길이를 계산했고, 심지어 지구가 지축을 기준으로 회전한다는 가정도 도출해냈다.

이슬람 천문학이 수많은 업적을 남길 수 있었던 것은 모두 행성의 운동과 별들의 위치를 계산하는 데 쓰이는 기구, 아스트롤라베(천문관측의) 덕분이었다. 그리스 인이 발명한 이 아스트롤라베는 보통 지름이 5cm에서 30cm에 이르는 평평한 금속 원반 모양으로 이루어졌다. 기구 둘레에는 각도가 표시되었고, 가운

아스트롤라베(맨 위)의 도움을 받아, 일단의 천문학자들이 페르시아 북서쪽 마라가흐의 천문관측소에서 천체를 관찰하고 있다. 무슬림들에게 천문학 연구는 신이 허락하신 성스러운 작업이었다. 알라를 언급한 〈쿠란〉의 한 수라에는 "깜깜한 바다와 육지에서 너희를 인도할 별들을 가리키시는 분은 바로 알라시니라"라는 구절이 있다.

데 선회축 위에는 조준의(照準儀)라 불리는 방위를 가리키는 지성침이 회전하고 있었다. 천문학자들은 맨 위에 둥근 고리를 연결해 아스트롤라베를 매달았고, 지성침을 별이나 다른 먼 목표물에 맞춰 조준했다. 지성침은 금속판 위의 수평선과 각도를 이루며, 천문학자들은 이 각도의 숫자를 측정함으로써 별의 높이를 결정할 수 있었다.

고대 그리스의 전통을 따르는 10세기의 서적
〈항성 별자리에 관한 책〉은 하늘의 별자리를
인간이나 동물 형상으로 묘사했다.
여기에는 쌍둥이자리가 묘사되었다.

'수학의 보석'으로 알려진
아스트롤라베는 천체의 높이를
측정하는 데 사용되는 측량 도구이다.
오른쪽에 보이는 손바닥 크기의
구리 모형처럼, 아스트롤라베는
또한 뛰어난 예술작품이기도 했다.

에게 지시했다. 그는 그들을 친구이자 만찬 동료로 키울 생각이라고 단호히 얘기했다.

마문은 재위 기간 내내 여가시간을 활기차게 만들어줄 현명하고 재치 있는 손님들을 찾아냈다. 825년, 마문이 사교 그룹에 새 인물을 소개하자 궁정 안은 깜짝 놀랐다. 그는 다름 아닌 내란 도중 마문의 정적에 의해 칼리프로 추대된, 치욕스런 그의 숙부 이브라힘 이븐 알 마흐디였다.

바그다드를 도망친 지 수년 만에, 마문의 병사들은 마침내 이브라힘을 찾아냈다. 도망자는 공포감에 몸을 부들부들 떨며 다시 바그다드로 호송되었다. 그는 마문 앞으로 끌려왔고, 칼리프와 조언자들은 죄수 앞에서 죄목에 상응하는 여러 가지 처벌에 관해 의논했다. 참석한 이슬람 권위자들은 사형만이 왕위 찬탈자가 치러야 할 응당한 대가라고 주장했다. 집결해 있던 조신들은 일순간 침묵에 빠졌다. 마문이 고심하는 동안 이브라힘의 얼굴에서는 식은땀이 줄줄 흘러내렸다.

마침내 칼리프가 엄숙한 표정을 지으며 배신자에게 사면을 내린다고 발표했다. 그는 〈쿠란〉의 내용으로 사면의 변을 대신했다. "지금 너희를 비난할 자는 아무도 없도다. 하나님은 너희를 용서할 것이며, 그리고 그는 가장 자비하시고 자애로운 분이시다." 삼촌과 조카는 다시 화해했고, 왕실은 칼리프의 관용을 칭송했다.

마문은 애초부터 숙부를 사형에 처할 생각이 없었을 것이다. 사람들은 이브라힘을 번뜩이는 재치와 선한 영혼의 소유자로 생각했다. 심지어 일부 옹호자들은 그가 일시적으로 칼리프 직을 수락한 것은 좌중을 웃기려다 실패한 농담과 같은 해프닝이라고 주장했다. 진실의 여부를 떠나, 마문은 이제 과거의 일은 들먹이지 않기로 결정했다. 그는 미식가이자 재담꾼 그리고 재능 많은 가수로도 유명한 이브라힘이 매일 저녁 궁정에 풍취를 더해주리란 것을 알고 있었다.

새 삶의 시작과 청중들의 기대에 마음이 들뜬 이브라힘은 자신이 선곡한 노래들을 갈고 닦기 위해 칩거에 들어갔다. 그는 주로 그의 집 정원 안쪽 은밀한 곳에서 노래연습을 했다. 일부 숭배자들은 그의 목소리를 듣기 위해 집 근처에 잠복해 있기도 했다.

미식가인 이브라힘에게 왕실의 저녁 만찬은 삶의 큰 기쁨 중 하나였다. 이슬람 세계 최고의 진미들이 금접시 은접시로 장식된 칼리프의 식탁에 가득 들어찼다. 시리아의 사과와 살구, 이스파한의 백색 꿀, 페르시아 파르스의 달콤한 장미향 잼 그리고 카스피 해 지방의 멜론은 차가운 눈을 가득 채운 납 상자에 신선하게 보존되었다.

궁정 안은 2개의 부엌으로 나뉘었다. 작은 부엌은 칼리프와 그가 선택한 동료들, 그리고 규모가 큰 부엌은 수많은 가신, 관리, 장인, 수행원 그리고 예악인 무리들을 위한 것이었다. 그들은 1년에 2만 2,000kg의 설탕, 10만 개의 석류, 9,000kg의 건포도, 6,800kg의 망고 잼 그리고 라이의 과수원에서 공급받는 말린 무화과 450kg을 소비했다.

훌륭한 음식을 만들고 시식하고 싶은 이브라힘의 열정은 곧바로 요리책을 펴내고 싶은 행동으로 이어졌다. 그는 최초로 아라비아 어로 씌어진 요리책을 출간했으며, 시적인 표현을 가미하여 정교한 요리법을 창조했다는 점을 큰 자랑거리로 내세웠다. 그가 고안한 음식은 너무 비싸서 칼리프조차도 혀를 내두를 지경이었다. 일례로 수백 조각의 작은 물고기 혀를 섬세하게 짜맞춰 눈, 입, 꼬리 그리고 반짝이는 비늘까지 완벽하게 갖춘 거대한 바다생물 모양으로 만든 음식도 있었다.

음식은 황홀한 경험을 맛보게 했지만, 칼리프의 만찬에 참석한 사람들은 식사 자체가 목적은 아니었다. 대화의 질은 요리의 질만큼이나 중요했다. 깔끔한 적색 리넨이나 금실로 수놓은 능라를 걸치고 식탁에 나타난 마문과 그의 동료들은 재담, 향수 어린 옛이야기, 오래 전에 헤어진 친구들 이야기에 덧붙여 자유롭게 철학을 논하며 즐거운 시간을 보냈다.

식사가 끝나면 마문은 다재다능한 여자 노예인 아리브를 불러 함께 체스를 두곤 했다. 그는 게임을 지켜보는 지인들에게 체스는 "지성을 날카롭게 한다"는 말을 즐겨했다. 그는 체스 대회를 열어 초대받은 명수들이 기량을 겨루는 것을 지켜보거나 그들과 한 판 대적하는 것을 좋아했다. 그러나 상대편이 깍듯하게 예의를 지키며 말없이 말만 움직이면 마문은 체스를 더 이상 두고 싶어하지 않았다. 마문은 "체스와 예절은 함께 어울릴 수 없도다! 그러니 평상시대로 자유롭게 말하라"고 꾸짖었다.

사냥도 그가 즐겨하는 취미 중 하나였다. 마문은 사냥하는 것을 좋아했다. 그와 그의 동료들은 가장 빠르고 멋진 말에 올라타 새, 사슴, 멧돼지, 심지어는 사자를 빠르게 뒤쫓았다. 그러나 포획한 사냥감은 가죽 또는 식용을 위한

것이 아니었다. 아바스 왕조
초기 이후, 칼리프들은 온갖
종류의 동물표본들을 열심히 수집
하여 궁전에 딸린 동물원 우리에 가
둬두었다.

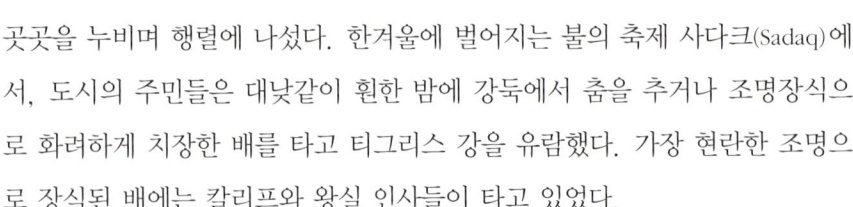

　이런 개인적 취미와 더불어, 마문
은 종교 및 세속세계에서 연중 벌
어지는 대형 지역축제에 참
석했다. 금식 기간인 라
마단의 종료를 알리기
위해, 군 지휘관과
고위 성직자들은 화
려한 옷차림의 추종자들
과 함께 바그다드의 거리
곳곳을 누비며 행렬에 나섰다. 한겨울에 벌어지는 불의 축제 사다크(Sadaq)에
서, 도시의 주민들은 대낮같이 훤한 밤에 강둑에서 춤을 추거나 조명장식으
로 화려하게 치장한 배를 타고 티그리스 강을 유람했다. 가장 현란한 조명으
로 장식된 배에는 칼리프와 왕실 인사들이 타고 있었다.

　6일간 열리는 봄 축제 나우루즈가 열리는 도중에 태양이 양자리 궁으로 움
직이면, 그것은 축하의식을 벌이며 마음껏 즐기라는 신호였다. 사람들은 모
닥불이 활활 타오르는 거리에서 춤을 추고 집 안 곳곳에 향수를 뿌렸으며,
선물을 교환하고 축원을 적은 서한을 지인들에게 보냈다. 사회 각계각층의
충성스런 백성들이 통치자와 주요 성직자들에게 선물을 한아름 선사하기 위
해 궁궐로 몰려들었다. 제빵사는 최고급 빵을 가져왔고, 정원사는 신선한 계
절 과일을 내놓았으며, 양탄자 상인은 가장 화려한 카펫을 선사했고, 시인들

사냥 장면을 생생하게 묘사한 12세기 상아 조각에서 3명의 왕실 소속 매사냥꾼들이 서둘러 엽조(獵鳥)를 날리고 있다. 사냥은 아바스 계 왕들이 즐겨하던 취미였다. 그들은 쉽게 추격할 수 있도록 사냥개, 족제비, 흰족제비 그리고 가장 포획에 능한 치타 등 온갖 종류의 동물들을 훈련시켰다.

은 특별히 지은 시를 바쳤다. 궁궐 안은 선물로 넘쳐나 앉아 있기도 불편했지만, 칼리프는 향수병이나 멋진 보석 없이 얼굴만 들이밀며 인사하는 자가 있다면 면전에서 화를 버럭 냈을 것이다. 그는 생일잔치를 벌이는 어린아이처럼 너무나도 솔직하게 "오늘은 무슨 선물을 가져왔느냐?"고 질문했다.

선물을 주는 순서는 마문이 재상의 어린 딸 18세의 부란과 결혼하던 날에도 예외 없이 포함되었다. 결혼식날 밤, 금과 진주 그리고 사파이어로 장식된 매트에 앉아 있던 신혼부부의 머리 위로 수백 개의 커다란 진주 알이 빗발처럼 퍼부어졌다. 그 다음 가장 중요한 귀빈들이 영예로운 관복으로 몸을 감싸는 동안, 신부의 아버지는 멜론 크기의 사향 공을 흩뿌리며 그들 사이를 지나갔다. 공에는, 재상이 공을 받은 손님들에게 선사할 영지명, 노예 소녀, 빠른 말, 그외 귀중한 재산들이 적힌 쪽지가 담겨져 있었다. 이것은 논쟁의 여지가 없는 그 당시 결혼식의 모습이었다.

앞서서 진주 세례를 받고 있던 부란은 마문과의 결혼생활에 대해 전혀 환상을 품지 않았다. 새 남편과의 사이에서 사랑과 열정, 혹은 우정이 생긴다고 해도, 그녀는 자신이 그와 동침하는 하렘의 수많은 여성들 중 하나에 불과하다는 것을 잘 알고 있었다. 그리고 마문의 아들을 여러 명 낳는다고 하더라도 그녀의 자식이 후계자로 지목된다는 보장도 없었다.

"체스와 예절은 함께 어울릴 수 없도다!"

아바스 계 칼리프는 공식적인 아내는 최대한 4명, 그리고 첩들은 헤아릴 수 없이 많이 취했던 것으로 보인다. 아내들 중 일부는 왕실에 아첨하고 싶은 지방의 고관대작이나 타국의 통치자의 딸들이었다. 첩들은 전쟁에서 사로잡은 전리품이거나 시장에서 산 노예 소녀들이었다. 다양한 취향을 지닌 칼리프는 지나가다 눈에 띄는 노예(가수에서 세탁부까지)가 있으면 서슴없이 잠자리로 불러들였다. 마문의 체스 게임 파트너인 아리브 같은 노예들은 칼리프의 수준에 맞도록 교육을 통해 재능을 갈고 닦은 교양인들(시인, 악사 그리고 재담꾼)이었다.

하지만 마문은 원대한 목표를 잊고 왕실의 즐거움에 한눈을 팔기에는 너무 야심이 많은 군주였다. 그의 야망은 정치적인 조직뿐만 아니라, 신앙의 교리를 통제하면서 칼리프의 권력을 확대, 강화하는 것이었다. 생겨난 지 200년이 지난 이슬람은 소모적인 이론논쟁과 잠재적인 분열로 몸살을 앓고 있었다. 신도들은 〈쿠란〉과 관련된 다음의 주제를 놓고 맹렬하게 토론했다. 신의 정신을 반영하고 있는 〈쿠란〉은 과연 신처럼 영원불사의 성스런 존재인가? 아니면 지구와 지구상의 모든 생물들처럼 창조된 것인가?

마문은, 〈쿠란〉은 창조된 것이라는 교리를 지지했다. 이슬람 제국의 칼리프로서, 그는 자신을 예언자의 유지를 받든 상속자로 생각했다. 그래서 그는 이 성스런 책을 자기 입맛에 맞게 해석할 수 있는 권위를 요구했다. 대부분의 성직자들은 세속적 권력을 영적 영역으로 확대하려는 마문의 시도에 격분했고, 자신들만이 율법을 다스리고 해석해야 한다고 선포했다. 이에 마문은 공식 종교재판소인 미흐나(mihna)를 창설하여 맞대응했다. '창조론' 교의를 거부한 성직자들은 모스크에서 가르치고 기도하는 것이 금지되었다. 심지어

속인들도 면제 대상이 아니었다. 친척들이 죽은 자의 상속권을 요구하려면 먼저 창조론 교의에 충성을 맹세해야 했다. 재판관들은 칼리프의 관점에 동의하는 소송자들에게 유리한 판결을 내리는 경향이 짙었다. 이집트에서 이혼 소송을 낸 여인은 남편이 창조론 교의에 반대했다는 이유로 결혼생활에서 해방되었다.

마문은 자신의 정치적 야망을 건드리는 신학적 문제들을 제외시킨 채, 용인된 종교적 진실과 늘 충돌하는 우주창조의 미스터리를 연구하는 학자, 점성가 그리고 과학자들과 공개토론을 열었다. 그는 기독교와 이슬람 교의 장점을 비교하는 것에서부터 사랑의 정의까지 다양한 소재들을 논의하기 위해 제국 각지의 사상가들을 초대했다. 그리고 직접 사재를 털어 수학자, 천문학자, 기술자 그리고 의사들에게 후하게 사례했다.

그러나 왕성한 호기심에도 불구하고 마문은 주치의인 유한나 이븐 마사와이흐가 제안했던 실험에는 찬성하지 않았다. 이 의사에게는 지적 능력이 현저히 떨어지는 아들이 있었다. 그는 과학적 호기심의 발동으로 아들의 뇌를 열어 어떤 문제점이 있는지 밝혀내고 싶었다. 그러나 마문은 잔뜩 겁에 질린 채 이를 허락하지 않았다. 이븐 마사와이흐는 답답한 자신의 심경을 다음과 같이 토로했다. "통치자의 쓸데없는 걱정과 간섭이 없었다면, 갈레노스가 사람과 원숭이를 해부했던 것처럼, 나도 내 아들을 산 채로 해부했을 것이다. 그 결과, 나는 아들이 왜 우둔한지 이유를 밝히고, 다시는 저능아가 태어나지 않도록 대책을 강구하며, 책으로 남길 연구성과를 기반으로 지식 탄생의 단초를 마련했을 것이다."

고대 그리스 인들의 지혜를 흠모했던 칼리프는 이븐 마사와이흐에게 그들의 위대한 과학 및 철학 작품을 번역하는 임무를 맡겼다. 마문의 학자들에 의해 탄생한 아리스토텔레스, 유클리드, 히포크라테스, 플라톤 그리고 프톨레마이오스의 아랍 어판은 미래 세대에게 권위 있는 학습 고전서로 전승되었다. 그러나 그리스의 영광을 뒤좇던 마문의 열정은 이웃 제국인 비잔틴의 그리스 계 기독교인들을 더 이상 용인할 수 없게 만들었다. 830년, 그는 군대를 이끌고 비잔틴 제국의 영토를 침략한 뒤, 아나톨리아 중부 카파도키아의 마을과 요새 전체를 점령했다. 마문의 관점에서, 그의 비잔틴 공격은 노골적인 영토분쟁이 아니라 이슬람 교 확산을 위한 명백한 지하드였다. 침략당한 비잔틴의 테오필루스 황제는 평화를 간청했지만, 마문은 테오필루스와 비잔틴 백성들이 예언자의 종교로 개종한다면 고려해보겠노라고 제안했다. 기독교 황제에게서 아무런 응답이 없자 마문은 다시 공격을 감행했다.

아무리 지하드란 명분을 내걸고 열정적으로 전투를 치렀다고 하더라도, 적국 비잔틴 제국의 성직자들에게 마문은 결코 용서받지 못할 것이다. 833년 8월 7일, 카파도키아 원정 도중, 47세의 칼리프는 갑작스런 병으로 세상을 떠났다. 일부 추종자들 중에는 썩은 대추야자에 의한 식중독을 사망 원인이라고 생각하는 이도 있었으며 추운 날씨 속에 아나톨리아 산중계곡을 건너던 중 감기에 걸려 사망한 것이라고 주장하는 이들도 있었다. 그러나 창조론 교의를 반대했던 자들은 동의하지 않았다. 14세기의 학자 알 다하비는, 마문이 이단적인 행위를 범했고 독실한 신도들을 박해했다고 주장했다. 그는 벌을 받을 만한 명분이 충분했다. "그래서 신이 그에게 종말을 언도한 것이었다."

마문 서거 100년쯤에, 또 다른 이슬람 전사들이 지중해 서쪽 끝에 위치한 기독교 사회를 위협하고 있었다. 920년 6월 4일 아침, 대규모의 군대가 안달루시아(지금의 스페인) 무슬림 영토의 총독인 왕족 아브드 알 라흐만 3세의 경계 어린 눈빛 아래 집결했다. 이 푸른 눈의 수장은 남쪽 도시 코르도바의 성문 아래 모여든 수만 명의 기병과 보병들의 행동을 하나도 놓치지 않고 주시했다. 그들은 북쪽으로 진군한 뒤, 기독교 지방인 레온과 나바레를 공격하라는 명령을 기다리고 있었다.

잘 닦여진 창끝으로 다이아몬드 모양의 햇살이 반짝이는 것을 지켜보면서 아브드 알 라흐만은 이제 그가 흘리려는 기독교인들의 피가 자신의 친족들의 몸 속에서도 흐른다는 사실을 전혀 괘념치 않았다. 이 안달루시아 왕족의 조상 중 아랍 혈통은 고작 4분의 1에 불과했다. 그의 친할머니는 나바레 바스크 왕국의 공주였고, 노예이자 첩이었던 그의 어머니는 안달루시아 북부의 산악지방 출신이었다. 아브드 알 라흐만은 이들 혈통과 다르게 흰 피부를 지녔으며, 무슬림으로서의 정체성을 명백히 하기 위해 수염은 붉게 그리고 머리는 아랍 인들처럼 검게 염색했다고 한다.

이 무슬림 왕족의 군대는 좀더 화려한 민족집단으로 구성되었다. 그의 병사들 중에는 711년 지브롤터 해협을 건넌 뒤 안달루시아를 제국의 최서단 지

긴 수염의 비잔틴 칙사가 아래 오른쪽의 테오필루스 황제로부터 지시를 받은 뒤 왼쪽에 앉아 있는 바그다드의 칼리프 마문을 알현하고 있다. 칙사는 칼리프의 궁정에서 신중하게 행동해야 했다. 일전의 한 칙사가 칼리프보다 테오필루스의 이름이 먼저 적힌 서신을 전달하자 마문은 내용을 읽어보지 않고 곧바로 되돌려보낸 뒤 모욕을 당했다는 구실로 전쟁을 일으킨 적이 있다.

방으로 편입시킨 북아프리카 무슬림 정복자들의 후예들도 있었다. 또한 선대 때 시리아에서 안달루시아로 이주해온 병사들도 있었다. 하지만 군대 내 무슬림의 수는 비무슬림에 비해 급격히 줄어드는 추세였다. 병적에 오른 새로운 병사들 중에는 용병도 있었고, 심지어는 급료만 적절하다면 이슬람을 위해 싸울 의향이 있는 안달루시아 북부의 기독교인들도 있었다. 나머지는 프랑스, 이탈리아, 그리스, 동유럽 그리고 아프리카에서 수입된 노예병사들이었다. 대부분의 병사들은 아라비아 어를 이해하지 못했고, 그래서 말수가 적다는 이유로 '벙어리'란 별명이 붙여졌다.

군사원정을 준비하는 데는 대략 3~6주의 기간이 걸렸다. 주의 총독들(각 주는 할당된 전투병을 제공해야 했다)은 군대를 소집한 뒤 코르도바 북쪽에 마련된 왕족의 숙영지로 출정시킬 시간이 필요했다. 거기서 병사들은 라흐만의 경계 어린 눈빛 아래 전장으로 떠날 준비를 하고, 이 왕족은 도시의 편안함을 포기하고 부하들과 함께 천막으로 만든 임시 궁궐 안에 기숙해야 했다.

아브드 알 라흐만은 믿고 의지할 만한 전쟁장비들을 완벽하게 갖추었다. 도시의 무기 공방에서는 매년 3,000여 개의 천막과 1,300여 개의 방패 그리고 매달 1,000여 개의 활과 20배에 해당하는 화살을 제조했다. 과달키비르 강을 끼고 있는 종마 농장에서 길러진 군마들이 라스 마리스마스의 목초지에서 줄줄이 달려왔다. 아프리카에서 수입된 낙타와 발레아레스 제도에서 수입된 노새는 긴 짐꾼 행렬을 이루었다.

전장으로 떠나기에 앞서 안달루시아의 왕족들은 병참 기술만큼 출정 의식도 중요하게 생각했다. 위용차게 행진하는 무장한 병사들의 경호를 받으며 떠나는 통치자에게 작별인사를 하기 위해 코르도바의 거리는 일렬로 늘어선 군중들로 가득했다. 코르도바의 대성전 벽에 걸려 있던 깃발들은 의식행사를 거쳐 내려진 다음, 군지휘관들의 창에 부착된 뒤 당당하게 도시 밖으로 이동했다. 전쟁이 끝나면 이 깃발들은 성전 안 원래의 자리로 되돌아올 것이다.

920년 여름, 전투에서 아브드 알 라흐만은 바라던 것 이상의 결과를 얻었다. 3개월 동안 그의 군대는 레온과 나바레 전역을 무법자처럼 돌아다니며 수도원과 성당 그리고 크고 작은 촌락들을 약탈했다. 부르고스도, 인근 오스마 요새도 완전히 불에 탔다. 한 무슬림 논평자에 따르면, 라흐만의 부하들이 모든 만행을 멈췄을 때 오스마 요새는 '까만 목탄 조각'과 비슷했다고 한다. 2명의 주교를 포함한 일부 포로들은 인질로 잡혔지만, 대부분은 노예로 팔기 위해 시장으로 보내졌다.

아브드 알 라흐만이 무에즈 성을 공격하자, 그곳의 방어자들은 살인적인 무더위 속에서 끝까지 저항했고 절반 정도가 탈수증세로 목숨을 잃었다. 결국 사흘 만에 힘찬 공성(攻城) 기계의 난입으로 성벽이 완전히 무너졌다. 끝까지 저항하던 주민들은 그 자리에서 목이 잘려나갔다. 라흐만은 잘린 머리통을 고국 코르도바로 보내 도시 성벽에 전리품으로 걸고 싶어했다. 그러나 그것들을 수송하기란 그리 쉬운 일이 아니었다. 피로 물든 머리통들은 노새들이 운반할 수 없을 정도로 수를 헤아리기 어려웠다. 그리고 팜플로나의 서쪽 훈케라에서 바스크와 레온의 군대를 완전히 격파함으로써 전쟁은 무슬림의 승리로 돌아갔다. 노예 호송대가 힘없이 남쪽으로 향하고 까마귀 떼가 정적만 감도는 전장을 선회하고 있을 때, 아브드 알 라흐만은 의기양양하게 고국으로 발걸음을 옮겼다. 이것은 매우 성공적인 전투였다. 그는 농촌 주변의 농경지를 자국 영토로 편입시켰을 뿐만 아니라, 기독교와 이슬람 교 국가 사

승리한 무슬림 군대가 기독교계 안달루시아 포로 및 가축들과 함께 고국으로 진군하는 모습을 묘사한 13세기 회화. 기병과 보병들의 다양한 피부색과 머리색은 안달루시아 무슬림 군대가 다민족으로 구성되었음을 보여준다.

이에 끼어 있는 소아랍 국가의 통치자들에게 자신의 권세를 보여주었다.

안달루시아가 최초로 무슬림 지배하에 있었던 때는 다마스쿠스의 우마이야 계 칼리프가 이슬람 제국을 통치하던 8세기 초반이었다. 750년 아바스 가문은 우마이야 왕조를 폐위시켰고, 새 칼리프의 숙부는 화해 모드를 조성하기 위해 과거 통치 가문의 왕족 80여 명을 연회에 초대했다. 연회가 한창 무르익을 무렵, 곤봉을 휘두르는 일단의 자객들이 튀어나와 그 손님들을 때려죽였다. 죽거나 죽어가는 우마이야 계 왕족들의 시체 위로 가죽 덮개가 씌워졌고, 초대한 주인과 나머지 손님들은 희생자들의 신음 소리에 아랑곳없이 식사를 계속했다.

우마이야 가문의 어린 왕자(아브드 알 라흐만 1세) 하나가 그 살육전에서 가까스로 살아남았다. 그는 맹추격해오는 아바스 계 심복들을 따돌리고 북아프리카를 건너 이집트로 도망쳤다. 그리고 아바스 가문의 세력이 미치지 않는 안달루시아(이슬람 세계의 서쪽 변방) 땅에 들어오고 나서야 안도의 한숨을 내쉴 수 있었다. 아브드 알 라흐만은 안달루시아에서 다른 시리아 계 이민자들을 발견했고, 그들의 지지에 힘입어 폐위된 우마이야 왕조의 망명정부를 세웠다. 다행히, 아바스 계 군대가 이 새로운 자치 왕정을 무너뜨리기 위해 동방에서 출정하는 일은 벌어지지 않았다. 일단 지리적으로 너무 멀었고, 당시 아바스 왕조는 동진화 정책의 일환으로 수도를 이라크로 옮기는 일에 여념이 없었다.

안으로는 토착세력을 평정하여 안정된 권력기반을 다졌고, 밖으로는 북방 기독교인들과 대적할 만큼 성장했는데도 안달루시아의 무슬림들은 여전히 고국을 그리며 눈물을 흘렸다. 아브드 알 라흐만 1세는 향수를 달래기 위해 시를 지었고, 새로 건설한 여름 별장을 라카에 있는 웅장한 우마이야 궁전의 이름을 따서 알 루사파라 부르기도 했다. 심지어 아라비아 동부를 직접 방문한 적이 없는 사람들조차도 그곳의 낭만적인 삶의 모습에 하나둘씩 빠져들기 시작했다.

822년, 바그다드 출신의 새 이주민이 전해준 새롭고 중요한 동방의 문화들은 안달루시아에 많은 영향을 끼쳤다. 아브드 알 라흐만 2세(아브드 알 라흐만 1세의 증손자)가 수장직에 올랐을 때, 아바스 왕조의 궁정악사였던 지르야브가 코르도바에 발을 내딛었다. 그는 타고난 재능의 가수이자 우드 연주자였고, 1,000여 곡의 아라비아 노래를 소화할 수 있는 대가이자 제자들에게 영감을 불어넣는 스승이었다. 그러나 무엇보다도 그의 가장 큰 자산은 새 통치자를 매료시키고 상류 지배층에게 감동을 줄 수 있는 능력이었다.

망명정부의 수장은 기쁜 마음으로 지르야브를 사교 그룹의 일원으로 받아들였다. 그는 비싼 가구들로 꾸며진 저택 하나를 이 새롭고 재미있는 친구에게 내주었고, 선물세례를 퍼부었으며, 매달 급료도 지불했다. 반대로, 지르야브는 서쪽 변방에 살고 있는 열성적인 청중들에게 바그다드의 최근 양식과 풍속들을 소개했다.

코르도바의 지배층들은 지르야브, 그리고 날로 증가하는 동방 상인들과 그들의 거래품목에 많은 관심을 보였다. 지배계급은 봄에는 화려한 색채의 비단 가운을 입었고, 가을에는 솜씨 좋게 누빈 옷들을 착용했다. 남자들은 헤너로 수염을 물들였으며, 목과 귀가 드러나도록 머릿단을 다듬었다. 남녀 모두 악취를 없애는 연고를 몸에 바르며 달콤한 향내에 흠뻑 빠져들기를 즐겨했다. 그밖에 향긋한 치약으로 이를 닦고, 본인뿐만 아니라 손님들에게 온갖 종류의 향수를 뿌리는 것도 그들의 즐거움 중 하나였다.

저녁식사 메뉴와 식탁 장식도 지르야브가 정한 지시에 따라 모두 바뀌었다. 부자들이 사용했던 부담스런 황금 잔은 크리스털 컵으로 대체되었고, 음료를 단숨에 들이켜던 습관은 조금씩 마시며 천천히 맛을 음미할 줄 아는 수준으로까지 격상되었다. 또한 그들은 아스파라거스와 같은 외래 식물들의 씨앗을 얻어다 자신의 영지에서 재배하기 시작했다. 모든 음식을 한꺼번에 식탁에 올려놓고 난잡하게 먹던 과거의 습관 대신, 코스별로 음식이 나오고 후

식으로 마무리하는 식사법도 등장했다.

912년, 아브드 알 라흐만 3세(안달루시아 우마이야 망명정부의 8대 수장)가 정권을 잡았을 무렵, 코르도바 주민들의 의식 속에 지방민이라는 열등 의식 따위는 사라진 지 오래였다. 그들의 도시는 다른 세계가 우러러 보는 문화 중심지로 발전했다. 지리적으로는 코르도바는 이슬람 문명과 이교도 국가들이 만나는 국경지대에 위치했지만, 문화적으로 봤을 때는 더 이상 중심부에서 멀리 떨어진 변경지역이 아닌, 수도란 이름을 붙이기에 조금도 모자라지 않는 곳이었다.

아래의 마개가 달리고 정교하게 장식된 향수병은 각각 은과 청동으로 만들어졌다. 옆의 비단 조각은 10세기 무슬림의 수도였던 코르도바의 세련된 문명을 보여준다. 복잡한 디자인과 화려한 금실 장식은 비단 조각이 칼리프의 직물 공방에서 만들어졌음을 나타낸다.

코르도바는 이베리아 반도에서 가장 큰 도시로 안달루시아의 보석이 되었고, 대략 10만 명의 주민들이 상주했으며, 지중해 세계에서 가장 큰 도시들 중 하나에 속했다. 도시의 장엄함에 그 당시 방문객들은 혀를 내두를 지경이었는데, 바그다드의 지리학자 이븐 하우칼은 북아프리카, 이집트 또는 시리아의 어느 도시도 '코르도바의 인구수, 땅 면적, 시장 부지, 주민들의 청결함, 모스크 건설 그리고 목욕탕과 여관의 수효'를 압도할 수 없다고 주장했다.

과달키비르 강변에 위치한 코르도바는 로마의 기술자들이 건설한 낡은 다리 너머에 우뚝 솟아 있었다. 7개의 문이 달린 성벽은 수장의 궁전, 대성전, 군대 막사, 조폐국을 포함한 다양한 정부기관 그리고 일부 고위관리들이 기거하는 대저택을 빙 둘러싼 채 안전하게 보호하고 있다. 이븐 하우칼은 방문객들에게 성벽으로 올라가 1시간 가량 도시구경을 할 것을 제안했다. 그중에서도 특히 북쪽 전경이 흥미로웠다. 도심 반대편에 코르도바의 남쪽 산비탈을 따라서, 주거지역, 시장, 공방, 교외 정원 그리고 시끌벅적한 마을에서 좀 떨어진 부자들의 사치스런 시골 저택들이 길게 이어졌다. 반면 공동묘지와 나병지구 일색인 남쪽 전경은 그리 매혹적이지 않았다.

코르도바의 국제도시다운 성격은 안달루시아의 다양한 민족 구성으로 인해 한층 더 강화되었다. 이곳에는 아랍 인, 북아프리카 출신의 베르베르 족, 기독교도, 이슬람으로 개종한 토착민 그리고 로마 시대 때 안달루시아에 뿌리를 내린 유대 인들이 살고 있었다. 각각의 민족 집단은 서로에게 많은 영향을 끼쳤을 뿐만 아니라, 각자 나름대로 외부세계와 독자적인 연관관계를 맺고 있었다. 무슬림들은 3개 대륙에 퍼져 있는 영적 및 문화적 연방의 일원이었다. 유대 인들은 인도처럼 아주 먼 도시에 살고 있는 동포들과 서신왕래를 했고 정기적으로 이라크의 랍비 학회에 자문을 구했다. 그리고 기독교인들은 로마를 자신들의 보호자로 생각했다.

우마이야 왕정 때, 안달루시아는 최고의 번영기를 구가했다. 상인들은 말

| 이슬람 변방에 자리한 모스크 |

"하나님은 모스크를 건설하는 자를 위해 천국에 집을 지으신다"는 예언자의 약속에 응답하려는 듯, 785년 시리아 태생의 아브드 알 라흐만 1세는 코르도바의 대성전 건설에 착수했다. 이 모스크는 아랍 세계의 건축물 중 걸작으로 꼽히는 것으로, 라흐만 1세가 서쪽의 카바라고 칭했던 곳이기도 하다.

아브드 알 라흐만은 시리아와 팔레스타인의 웅장한 우마이야 왕조의 모스크를 모방하여 홍예랑(무지개 모양의 아치가 달린 기둥)이 줄지어 있는 직사각형의 광장을 재창조했다. 하지만 코르도바의 모스크는 한 가지 사실을 고려하지 않은 채 무조건 중동의 모스크들을 모방하는 실수를 범했다. 예배 방향을 가리키는 키블라 벽은 메카 쪽을 향해 있어야 하는데, 이곳의 키블라는 안달루시아에 맞게 방향조절을 하지 않고 다마스쿠스나 예루살렘의 것처럼 똑같이 남쪽을 향하도록 만들어 버린 것이다.

코르도바의 인구가 증가하면서 대성전도 그에 버금가게 발전했다. 후대의 통치자들은 예배 광장을 계속 확장하여 이슬람 세계에서 세 번째로 큰 모스크로 발전시켰다. 그러나 이 모스크의 백미는 키블라와 커다란 돔 천장에 장식된 희미하게 반짝이는 모자이크로, 아브드 알 라흐만 3세의 아들인 칼리프 알 하캄 2세가 헌정한 것이다. 그는 이 작업을 위해 콘스탄티노플에서 모자이크 기술자들을 초빙했다고 한다.

코르도바 대성전의 단단한 벽과 총안(몸을 숨긴 채로 총을 쏘기 위해 성벽, 보루 따위에 뚫어놓은 구멍─옮긴이) 모양의 지붕은 건물 외관을 요새처럼 보이게 하는데, 이는 이슬람 변방지역의 모스크에 안성맞춤이다.

빼곡이 들어선 말편자 모양의 아치들이 대성전의 드넓은 예배광장을 가득 메우고 있다. 수많은 지지 기둥들은 로마 유적의 잔해로, 건설업자들은 이 쓸모없는 짧은 기둥들을 활용하기 위해 2층형 아치를 고안하는 기발함을 선보였다.

기독교인들이 안달루시아를 재정복한 뒤에도 비교적 손상되지 않고 보존되던 코르도바의 대성전은 1500년 초반 신성 로마 제국의 황제 샤를 5세에 의해 성당으로 개조되었다. 완공된 성당을 보자마자 황제는 자신의 결정을 후회했다. 그는 "예전에 있던 독특한 맛이 모두 사라졌군. 이것은 세속적인 건물과 별로 다를 게 없네"라고 성당 건설자에게 푸념했다.

정교한 아치들은 통치자와
수행원들을 위해 모스크 안에
따로 마련된 마크수라(maqsura)에
화려하게 장식되었다.
키블라 앞쪽에 위치한 마크수라는
보통 통치자의 지위와 안전을
높이기 위해 벽으로 빙 둘러싸여
있다. 칼리프 알 하캄 2세의
명령에 따라, 코르도바 대성전의
마크수라는 재건축되고
아름답게 꾸며진 뒤, 비밀통로를
통해 궁전과 연결되었다.

코르도바 대성전의 예술 및 영적 중심은 모자이크로
아로새겨진 미흐라브이다. 메카와 일직선을 이루어야 하는 키블라
벽에 마련된 벽감(장식을 위해 벽면을 오목하게 파서 만든 공간.
등잔이나 조각품 따위를 세워둔다─옮긴이) 미흐라브는 예배 인도자가
공동예배를 집전하는 장소이다.

마크수라에 높이 솟은 돔 천장에 사용된 일부
입방체 모양의 황금 모자이크 장식은 콘스탄티노플의
비잔틴 황제가 알 하캄에게 선물한 것이다.

린 과일, 노예, 목재, 모피, 올리브유 그리고 코르도바의 장인들이 제작한 뛰어난 제품들을 취급하면서 무한히 부를 쌓아갔다. 그외에 상아로 만든 상자, 크림색 최고급 종이, 원산지의 이름을 따서 코도반이라 불리는 화려한 장식의 진홍색 가죽도 거래품목에 포함되었다. 안달루시아에서 출발한 배들이 지중해 항구를 경유해 알렉산드리아로 향하는 것은 익숙한 광경이었고, 이 지역의 무역상인들은 인도와 중국처럼 아주 먼 타국에서도 찾아볼 수 있었다. 들어오면 나가는 것이 있듯이, 마찬가지로 제품의 명성에 이끌려 안달루시아로 진출한 외국상인들도 있었다. 비단 재배의 비밀(없어서는 안 될 누에와 함께)이 중국 밖으로 몰래 빠져나와 이슬람 전역에 알려졌고, 그후 안달루시아는 서방의 비단 생산 중심지가 되었다. 코르도바는 유행을 좇는 사람들이 '리넨, 면화 그리고 비단으로 만든 값비싼 옷'을 구입하기 위해 찾는 장소였다고 이븐 하우칼은 말했다.

우마이야 왕정의 통치자들은 통행세와 관세 또는 왕실의 전매사업을 통해 상업적인 풍요로부터 상당량의 이윤을 벌어들였다. 예를 들어, 왕족들에게만 티라스(〈쿠란〉의 문구, 제작연도, 원산지명 그리고 현 통치자의 이름을 수놓은 무명 천 또는 리넨 조각)라고 하는 독특한 직물을 생산하고 분배할 수 있는 권리가 있었다. 그러나 아브드 알 라흐만 3세처럼 돈 많은 부자도 정선된 선물의 유혹을 뿌리치기는 힘들었을 것이다. 그가 아흐마드 이븐 슈야드를 고문보다 높은 자리로 승진시키자, 이 돈 많은 귀족은 막대한 양의 금과 은, 호라산의 북극여우처럼 희귀한 짐승의 모피, 귀한 나무, 100여 개의 기도용 융단, 100여 필의 말, 화려한 장식의 안장과 마구, 천막, 60여 명의 노예, 그외에 구색을 맞춘 자질구레한 장신구들로 고마움을 표시했다.

929년 1월 16일, 금요예배를 위해 대성전에 모인 군중들 속에는 분명 아흐마드 이븐 슈야드도 있었을 것이다. 코르도바의 고관들이 붉고 하얀 줄무늬로 장식된 높은 아치 아래 마련된 예배광장으로 하나둘씩 모여들자, 군중들은 심상치 않은 분위기를 감지했다. 평상시와 다름없이, 최고 수장과 그의 측근들은 궁전에서 신전 내의 예배장소로 행렬할 때처럼 신도들의 눈을 피해 비밀통로로 입장했다. 매주 금요예배는 통치자의 권위를 인정한다는 기도의 말로 시작했지만, 이번에는 설교자가 직접 아브드 알 라흐만 3세를 수장이 아닌 칼리프, 즉 신도들의 통솔자라고 공식적으로 호칭했다.

모스크 안은 예배내용과는 무관한 흥분된 이야기들로 시끌벅적했다. 안달루시아의 우마이야 계 왕족들은 스스로를 '칼리프의 자손들'이라고 불렀다. 그러나 다른 무슬림처럼, 그들 역시 칼리프의 지위는 못마땅해했지만, 이슬람 제국의 통치자인 아바스 계만이 주장할 수 있다는 것을 인정했다. 그러나 아브드 알 라흐만 3세는 이제 정세를 바꿔볼 때라고 판단했다.

이 놀라운 소식은 오지나 먼 지역 할 것 없이 이슬람 세계 전역에 급속도로 퍼졌다. 아바스 계 칼리프의 권세가 점점 땅에 떨어지고 있음은 분명한 사실이었다. 아득히 먼 바그다드 안에 갇혀 있는 군주가 더 이상 이슬람 세계의 통치권을 주장할 수 없다고 느낀 무슬림 통치자는 아브드 알 라흐만뿐만이 아니었다. 초기 우마이야 가문과 숙적관계였던 아랍 가문의 후손으로 지중해 너머 튀니지에 정착한 파티마 계 역시 스스로를 칼리프로 선포하고 나섰다.

아브드 알 라흐만은, 우마이야 계가 지배하는 북아프리카의 영토이자 안달루시아에 필요한 곡물과 황금의 주요 수입경로이기도 한 마그리브까지 파티마 가문이 세력확장에 열을 올리고 있다는 사실을 간파했다. 서로의 이해가 충돌하는 것을 막기 위해, 그는 그들과 동등한 권리만을 행사하며 칼리프의 지위 유지를 도모했다.

아브드 알 라흐만 3세는 즉시 자신이 신도들의 통솔자임을 선포하는 서신을 제국 전역에 보냈다. 이 위대한 날을 기리기 위해, 그는 조폐국에 금화, 즉 디나르를 발행할 것을 명령했다. 최초의 금화인 디나르는 200년간 안달루시아에서 주조되었으며, 이후 300년간 북유럽의 어떤 왕도 금화를 발행하는 일은 없었다. 사하라 남부의 광산에서 채굴된 황금은 추종자와 적들 모두에게 확실한 의미를 부여했다. 즉, 새로운 칼리프는 권력만큼이나 돈 많은 부자였으며, 적들은 이제 위험을 무릅쓰고라도 그나 그의 보급로를 가지고 장난을 치게 될 것이었다.

칼리프 직에 오르자마자 아브드 알 라흐만은 왕족의 지위에 어울리는 것보다 훨씬 더 고급스런 궁전도시를 건설하기 시작했다. 그는 코르도바 서쪽 5km쯤에 위치한 깊은 골짜기 사이로 가늘게 뻗은 곳 위에 마디나트 알 자흐라를 창건했다. 일부 연대기 작가들에 따르면, 이 새로운 궁전 복합물은 그의 사랑하는 아내의 이름에서 따온 것이라고 한다. 그러나 궁전 터와 구조, 가구 그리고 복잡하고 값비싼 세부장식들은 새 칼리프의 절대권력을 상징적으로 표현하기 위해 선택되었다.

뒤편으로 길고 완만한 산맥들이 방패막처럼 서 있는 마디나트 알 자흐라는 화려한 자태를 뽐내며 홀로 당당히 서 있었다. 이곳은 수마일 떨어진 곳에서도 쉽게 알아볼 수 있으며, 드넓게 펼쳐진 시골의 전경도 한눈에 내려다보였다. 동방에서 온 여행객이라

면 이라크에 있는 일부 오래된 칼리프 궁전들을 의도적으로 모방했다는 것을 알아차릴 수 있었을 것이다. 그곳의 궁전들은 통치자가 백성들 위에 군림하며 오래된 수도의 세속적 현실에 초연하다는 것을 분명히 하기 위해 높은 언덕에 지어졌다. 그러나 규모나 구조 그리고 내용물들이 동방 이슬람의 궁전 복합물과 아무리 비슷하다고 해도, 마디나트 알 자흐라 역시 나름대로 특징을 간직하고 있었다.

마디나트 알 자흐라는 과거 서구 세계에서는 볼 수 없었던 독특한 유형의 건축물이었다. 그것은 궁전이면서 동시에 모스크를 갖춘 거대한 궁전도시였다. 그리고 상업지구, 정부기관, 정원, 칼리프의 처소, 안뜰, 시종, 수천여 명의 왕실 노동자들이 있었다. 그곳의 인구 증가를 장려하기 위해, 칼리프는 집을 짓고 사는 새 거주자에게 보상금으로 은화 400디램을 하사했다.

이 도시의 물리적 구조는 사회질서를 그대로 반영했다. 언덕 지구는 담벼락이 둘러쳐진 드넓은 3층 계단식 대지로 이루어졌다. 가장 낮은 층에는 병사들과 평범한 노동자들이 살았으며, 필수 시설인 시장, 목욕탕 그리고 모스크가 갖춰졌다. 중간층에는 고위관리들의 집과 그들의 일터인 공공기관들이 들어섰다. 가장 위층에는 칼리프의 궁전이 가장 높은 자리에 우뚝 솟아 있었다.

마디나트 알 자흐라의 건설은 원대한 계획으로, 아브드 알 라흐만의 아들이자 공식적인 후계자였던 차기 칼리프 알 하캄 3세가 직접 감독했다. 건설은 936년경에 시작되었다. 모스크는 941년에 헌당되었고, 946년경에 아브드 알 라흐만과 그의 측근들의 처소가 마련되었으며, 947년에 왕실 조폐국을 포함한 정부기관 전체가 잇달아 건설되었다. 그러나 매일 1,000여 명의 노동자들이 6,000여 개의 석조 자재를 자르는 수고스러움에도 불구하고, 이 건설 사업은 961년에 가서야 완성될 수 있었다.

반면, 알 하캄은 그의 부친으로부터 막대한 예산을 제한 없이 행사할 수 있는 재량권을 부여받았다. 국가 수입의 3분의 1을 한 해 건설 분야의 예산으로 책정하는 게 보통이었지만, 지나친 투자로 인해 사실상 국고가 바닥났던 때도 없지 않았다. 과거의 텅 빈 언덕을 왕국의 수도로 창조하기 위해, 알 하캄의 기술자들은 도로와 계단식 언덕을 건설했고, 커다란 지하 도관, 아치형 수도교, 대리석으로 에워싼 저수지 그리고 복잡하게 연결된 구리관에 의지하는 상수도 체계를 고안했다. 고위 관리의 집과 궁전에는 수도시설, 화장실, 분수와 연못이 갖추어졌다. 아브드 알 라흐만의 소유인 연못에는 방류된 어류들로 가득 차서 금색, 은색의 물고기들을 먹이기 위해 매일 1만 2,000개의 빵이 필요했다.

"홀은 눈을 뜰 수 없을 정도로
빛으로 환하게 빛났다."

마디나트 알 자흐라는 그중에서도 특히 칼리프의 궁전은 한 마디로 세상에서 가장 귀한 것들이 모여 있는 결정체였다. 눈에 안 차는 평범한 재료들은 희귀하고 값비싼 재료들이 발견될 때마다 계속 대체되었다. 알 하캄의 높은 수준을 만족시키기 위해, 안달루시아의 장인들은 최고의 기량을 발휘해 사치품들을 창조한 반면, 그의 신하들은 이국의 보물들을 찾아 세상 곳곳을 헤매다녔다.

4,300여 개 가량의 대리석 기둥들이 고대 로마와 카르타고의 유적에서 옮겨 왔다. 대형 접견실에 설치된 녹색 대리석 수반은 콘스탄티노플에서 온 것으로, 분수처럼 물이 분출되고 금과 보석으로 화려하게 장식된 12개의 조각작품에 둘러싸여 있었다. 고급 나무로 만든 이중문들은 상감처리된 흑단과 상아들로 인해 눈부시게 반짝였다. 설화석고를 바른 투명한 창문 위로는 햇빛이 환하게 비추었다. 방문객들은 진열된 신기한 기계장치(진짜 사자처럼 움직

무슬림 과학자들은 왕실에 즐거움을 선사하기 위해 기발한 기계장치들을 발명했다. 왼쪽 그림에서 보는 바와 같이, 자동 조작에 의해 포도주는 약간 기운 물통으로 떨어진 다음 공중에 매달려 있는 유리잔을 채운다. 여기서 자동 조작은 시종 하나가 장식장 안의 바퀴 위에 올라탐으로써 작동된다. 그리고 가득 채운 잔의 무게로 경사진 바닥을 굴러 문을 밀어젖히면 유리잔과 수건이 제공된다.

이는 인형, 인조 명금, 눈에 보이지 않는 수단에 의해 공중에 매달려 있는 옥좌)들에 크게 놀라며 연신 감탄사만 내질렀다.

궁전이 무너져 잿더미로 변한 지 오랜 세월이 흘렀지만, 역사가 알 마카리는 황금과 대리석으로 만든 천장에 커다란 진주가 매달려 있는, 어느 접견실의 생생한 모습을 자신의 책 속에 그대로 보존해놓았다. 이 누각에는 "순금과 각양각색의 보석으로 상감 처리된 흑단과 상아로 만든 아치들이 이리저리 얽혀 8개의 틈이 만들어졌다. 아치들은 유색의 대리석과 녹주석(綠柱石) 기둥들이 떠받치고 있었다. 햇빛이 이들 틈 사이를 통과한 뒤 지붕과 벽을 맞고 튀어나오면, 홀은 눈을 뜰 수 없을 정도로 빛으로 환하게 빛났다"고 그는 기록했다.

알 마카리는 또한 수은으로 가득 찬 커다란 연못을 언급했다. 아브드 알 라흐만은 손님들에게 깊은 인상을 주고 싶으면, "시종 한 명에게 수은을 휘저으라고 손짓을 보냈다. 그러면 번개처럼 환한 불빛이 방 안 가득 번쩍여 그들은 공포심에 몸을 덜덜 떨었다." 이것은 정확히 칼리프가 의도했던 효과였다. 왕의 처소나 관료산업의 중심지처럼 다른 기능도 있었지만, 마디나트 알 자흐라의 주된 목적은 경외심을 불러일으키는 것이었다. 그리고 아브드 알 라흐만의 관점에서, 경외심은 특히 타제국과 교섭관계를 맺을 때 없어서는 안 될 정치적 수단이었다.

타국의 왕이 보낸 칙사들에게 아브드 알 라흐만 3세는 함부로 다뤄서는 안 될 통치자란 인식이 강하게 머릿속에 박혔다. 그들이 그의 권세를 맨 처음 짐작할 수 있었던 때는 코르도바에서 마디나트 알 자흐라로 이동할 때였다. 도시의 성문을 막 빠져나온 순간, 외국 사절단은 자신들이 5km 가량 길게 이어진 아치형 통로로

| 이슬람의 붉은 요새, 알람브라 |

1200년대 초반, 강성했던 안달루시아의 우마이야 왕조가 사라진 뒤, 스페인에 남아 있는 이슬람 세력은 남동쪽 그라나다에 세워진 나스리 왕국이 전부였다. 나스리 족은 선조 우마이야 왕조와는 공통점이 전혀 없었다. 안달루시아에서 최고의 황금시대를 구가했던 우마이야 왕조와 달리, 나스리 왕조는 기독교인들이 반도 전역을 장악하고 있던 시절 집권기를 맞이했다. 그러나 쉴새없이 밀려드는 기독교 군대에도 아랑곳하지 않고, 그들은 우마이야의 궁전도시 마디나트 알 자흐라의 영광에 버금가는 거대한 궁전을 건설하기 시작했다. 이것은 나중에 알람브라(붉은 요새라는 뜻)라는 이름으로 알려지게 된다.

그라나다의 북쪽 시에라네바다 중턱에 우뚝 서 있는 알람브라는 나스리 왕국의 수도 역할을 했다. 붉은 점토의 성벽 안에는 모스크, 대저택, 목욕탕, 왕실 조폐국, 공동묘지, 병영, 6개의 궁전 그리고 향기로운 정원과 맑은 연못과 샘으로 흘러들어가는 정교한 상수도 시설이 건설되었다. 뿐만 아니라 궁전도시에서 열심히 일하는 장인들의 가옥과 작업장이 마련되었고, 도시 꼭대기에는 대략 4만 명의 인구가 상주했다.

나스리 족은 가장 화려한 이슬람 실내장식을 알람브라에 선보였다. 최고의 명장들은 주로 채색 타일과 목재, 회반죽을 이용하여, 혼을 빼놓기에 충분한 복잡한 디자인으로 벽면을 가득 메웠다. 특히 어느 장엄한 홀의 돔 천장은 천천히 돌고 있는 착각을 불러일으키는데, 이는 휘황찬란한 다면장식 위로 빛과 그림자가 연출해낸 일시적인 환영에 불과하다. 궁전의 방에는 스페인 무슬림의 마지막 위대한 시인 이븐 잠라크의 시들로 장식되었으며, 벽을 가득 메운 수많은 글귀들 덕분에 건물이 구경꾼에게 연설을 하는 것처럼 느껴진다. 그곳에 새겨진 그의 시 중 "별들은 기꺼이 빛의 지대에서 내려와 천국 대신 이 홀에 머물기를 바라네"가 눈에 띈다.

알람브라의 사자 정원은 정교함의 극치를 보여주는 치장 벽토 세공으로 장식되었고, 이 정원의 이름은 가운데 분수를 떠받치고 있는 12마리의 대리석 사자들로부터 연유되었다. 안뜰과 인접한 홀은 통치자를 위한 개인 은신처로 이용되었다.

위용 넘치는 붉은 점토의 성벽과 탑이 있는데도 알람브라는 그 이름이 무색할 정도로 1492년 투쟁할 겨를도 없이 기독교 군대에 함락되었다.

안내되고 있음을 깨달았다. 통로 양쪽에는 병사들이 어깨를 맞댄 채 길게 도열해 있었고, 그들의 커다란 칼은 끝과 끝을 맞대 지붕을 만들었다. "그것이 만들어낸 공포감은 말로 표현할 수 없었다"고 철학자 이븐 알 아라비는 언급했다.

도열한 병사들과 칼로 만든 지붕을 막 빠져나온 외국 사절단이 마디나트 알 자흐라의 성문을 통과하자 좀더 놀라운 장면이 그들을 기다리고 있었다. 성문을 지나 비단 능라가 깔려 있는 궁전 안으로 들어선 그들은 옥좌처럼 훌륭하게 치장된 의자에 앉아 있는 화려한 옷차림의 범상치 않은 인물들과 맞닥뜨렸다. "대사들이 고관 한 사람 한 사람을 볼 때마다 칼리프라 상상하며 그 앞으로 엎드리자, '고개를 드시오. 이자는 그의 수많은 노예 중 하나에 불과하오!' 라는 목소리가 울려퍼졌다"고 이븐 알 아라비는 기록했다.

마침내 그들은 궁전 안 성소에 도착했고, 궁전의 화려함에 정신을 잃었던 그들에게 다음의 장면은 더 큰 충격으로 다가왔다. 문이 열리자 풀 한 포기 없이 모래만 깔려 있는 안뜰이 펼쳐졌다. 이븐 알 아라비에 따르면, "중앙에 칼리프가 있었다. 그의 옷은 짧고 거칠었다. 그가 입은 옷들은 전부해서 4디램 정도면 충분할 것 같았다. 그는 고개를 숙인 채 땅바닥에 앉아 있었다. 앞에는 〈쿠란〉과 칼 그리고 화덕이 놓여졌다. 대사들에게 '통치자를 알현하시오!' 라는 말이 울려퍼졌다." 그 다음 사절단은 칼리프의 지시 아래 고분고분하게 행동했다.

아브드 알 라흐만 3세는, 949년 비잔틴 황제가 보낸 사절단을 매우 적극적으로 환영했다. 그는 기독교계 최고 국가의 코르도바 방문이 칼리프의 위신을 국제적 수준으로 격상시킨다는 것을 잘 알고 있었다. 어떤 황제든 비천한 국가의 수장에게 아무 이유 없이 안부와 선물을 전할 사절단을 파견하진 않을 것이다. 그러나 모든 외교 사절단이 다 환대를 받은 것은 아니었다. 신성 로마 제국의 오토 1세가 956년 론 강의 촌락지대를 노략질하는 무슬림 해적에 대해 칼리프의 도움을 요청하기 위해 사절단을 보냈을 때, 황제가 파견한 대사는 아브드 알 라흐만에게 아첨하기는커녕 오히려 심기를 불편하게 만들었다. 독일인 수도사인 괴르츠의 욘은 처음부터 이슬람 교에 대한 멸시를 서슴없이 드러냈다. 심지어 그는 아브드 알 라흐만을 직접 알현하기도 전에 칼리프를 화나게 만들어, 코르도바에서 몇 년간 가택 연금의 형태로 강제구금된 뒤에야 오토 황제의 탄원을 전달할 수 있었다. 코르도바의 일부 기독계 주교들이 힘겹게 벌인 막후 외교술이 아니었으면 욘은 마음속 깊이 열망했던 대로 순교자적 죽음을 치렀을 터였다.

어두운 복도로 알려진, 금지된 통로는 북아프리카의 파티마 계 군주들이 건설한 튀니지의 해안 궁전 도시 알 마흐디야와 연결된 유일한 육상통로였다. 파티마 왕조는 백성들의 습격으로부터 보호하기 위해 항상 튼튼한 요새 모양의 궁전을 건설했다.

마침내 아브드 알 라흐만 3세는 이 반항적인 기독교인을 만나는 데 동의했다. 그러나 칼리프의 전갈을 전하러 사자들이 도착하자 괴르츠의 욘은 왕실에 대한 예의로 면도와 목욕을 한 뒤 깨끗한 옷으로 갈아입으라는 그들의 요구를 거절했다. 대신 그는 칼리프에게 자신은 수도복이 아니면 어떤 옷도 입을 수 없다는 뜻을 확실히 밝혔다. 까다롭고 깔끔한 조신들의 예상과는 정반대로, 아브드 알 라흐만은 "비록 마대를 입고 온다고 해도, 나는 그를 기꺼이 맞이하리라"하며 자비롭게 동의했다.

예정된 접견일이 돌아오자 칼리프의 군대는 전통적인 위용찬 의장사열을 선보였다. 그러나 그날만큼은 아브드 알 라흐만도 누더기의 금욕주의자처럼 칼과 〈쿠란〉이 놓인 땅바닥이 아닌 화려한 복장의 이슬람 통치자가 되어, 귀한 비단이 드리워지고 반짝이는 타일이 깔려 있는 접견실에 앉아 있었다. 또한 칼리프는 평소와는 다른 행동을 함으로써 좌중을 깜짝 놀라게 했다. 그는 수도자에게 손을 뻗어 입맞춤을 한 뒤 옆자리에 앉도록 권했다. 두 사람 사이에 언제 악감정이 있었느냐는 듯, 욘은 그의 뜻을 따랐고 사절로서의 외교적 업무도 우호적으로 끝마쳤다.

아브드 알 라흐만이 인생 말년에 안달루시아의 통치자로서 보냈던 지난 50년간을 회상한 결과, 걱정 또는 근심으로부터 완전히 자유로웠던 때는 재위기간 중 단 2주일에 불과했다. 그가 밤낮으로 전전긍긍하며 마음 졸였던 이유는 바로 튀니지의 숙적 파티마 계 칼리프 알 무이즈 때문이었다.

"비록 마대를 입고 온다고 해도,
나는 그를 기꺼이 맞이하리라."

얼음장같이 찬바람을 맞으며 베르베르 부족의 족장들이 알 만수리야에 있는 칼리프 알 무이즈의 궁전 밖에 집결했다. 그들은 궁전 안으로 입성하라는 허락이 떨어지기를 기다리며 서로 호기심 어린 눈빛을 교환했다. 왜 하필 이렇게 춥고 매서운 겨울날, 통치자는 다급하게 그들을 궁전 앞으로 소환한 것일까? 그리고 왜 국정업무 때 이용하는 커다란 정문이 아닌 보조 성문 중 하나에 모이라고 지시를 내렸을까?

노예의 안내에 따라 미로 같은 홀과 통로를 지나자 그들의 당혹스러움은 점점 커져갔다. 여러 개의 문들을 쉴 새 없이 통과하고 나니, 소박한 펠트제 카펫이 길게 깔려 있는 방 하나가 모습을 드러냈다. 책들이 어지러이 널브러져 있는 그곳 한가운데, 튜닉(고대 그리스, 로마 사람의 가운 같은 겉옷) 하나만 달랑 걸친 칼리프가 책상 앞에 몸을 기울인 채 땅바닥에 양반다리 자세로 앉아 있었다. 잉크와 종이 사이를 바쁘게 오가는 그는 잠시 그들의 존재를 완전히 잊은 듯 보였다. 그러고 나서 알쏭달쏭했던 문장들이 완벽하게 이해가 되었는지, 안도의 한숨을 내쉬고 힘차게 붓을 휘두르며 최종 마무리를 한 뒤 그는 고개를 들어 그들을 맞이했다.

"사랑하는 형제들이여!" 칼리프가 말문을 뗐다. "오늘 아침, 이렇게 추운 겨울날, 나는 왕자들의 어미에게 물었소. '오늘 같은 날, 우리 형제들은 우리를 어떻게 생각할 것 같소? 혹시 아프리카 여우와 검은 담비 모피를 입고 값비싼 베개에 몸을 기댄 후 흥청망청 먹고 마시며, 사향과 포도주, 노래에 흠뻑 취해 있을 거라고 생각할까? 그렇게 이 세계를 걱정하며 한탄하고 있는 것은 아닐까?' 그러자 순간 그대들을 불러야겠다는 생각이 들었소. 이렇게 동떨어진 집무실에 혼자 앉아 칼리프인 내가 무슨 일을 하고 있는지 직접 볼 수 있도록 말이오."

칼리프는 부와 신성한 약속만 제외하면, 자신도 다른 이들과 똑같은 사람이라고 설명했다. 그리고 자신이 얼마나 바쁘고, 얼마나 열심히 나라 일을 걱정하며, 얼마나 열정적으로 타국과 서신왕래를 하는지 그들에게 지켜보라고 촉구했다. 뿐만 아니라 그들의 이익을 도모했고, 영토확장과 안전유지에 협조했으며, 적을 물리치는 데 공조했던 일 등 그가 그들 편에 서서 이룩했던 업적들을 설파했다. 그는 그들도 자신을 본받으면 대단히 기쁠 것이며, 그러니 "그대들도 혼자 있을 때 내가 했던 대로 해주시오!"라고 설득했다.

베르베르 족의 지도자들은 적당히 감동을 받은 뒤 물러났다. 그들은 학자가 아니라 전사들이었다. 그러나 신은 기쁘게도 그들에게 글을 읽고 쓸 줄 아는 학식을 갖춘 통치자를 내려주셨다. 알 무이즈는 밤을 새면서까지 격무에 시달릴 때, 서재에 들어찬 보물들을 정독하는 일로 위안을 삼았다. 그리고 잠이 들면, 꿈속에서 프톨레마이오스와 같은 고대의 학자들도 만난다고

측근 동료들에게 이야기
하곤 했다.

953년에서 975년까지
북아프리카를 통치했던
알 무이즈는 파티마 왕조
의 제4대 칼리프였다. 파
티마 왕조의 계보는 예언
자의 딸인 파티마를 거쳐
예언자에게로까지 거슬러
올라간다. 파티마 왕조는 시아 파로, 파티마와
그녀의 남편이자 무함마드의 사촌인 알리 사이에서 태어난 후손들만을 무함
마드의 합법적 계승자로 인정하는 종파였다. 따라서 그들 생각에 아바스 왕
조의 정통성은 잘못된 것이었다. 그리고 시아 파는 아바스 왕조에 충성을 바
쳤던 사람들이 신봉했던 수니 파 역시 인정하지 않았다.

파티마 왕조는 자신들만이 무슬림 사회를 통치할 수 있는 신성한 권리를
갖고 있다고 역설했다. 칼리프를 정치적 수장으로만 여기는 수니 파와 달리,
파티마 왕조의 칼리프는 절대적인 세속적 권력뿐만 아니라, 완전무결한 종교
적 권위를 부여받은 진정한 이맘(iman) 또는 영적 지도자였다.

이맘은 870년경 파티마 왕조에 의해 최초로 이슬람 세계에 알려졌다. 그는
비밀 종교조직인 이스마일 파의 지도자로서 페르시아 남서쪽에서 출현했다.
이스마일 파는 정치혁명과 영적 구원을 주요 기치로 내걸었고, 이슬람의 얼
굴을 바꿀 인식의 세계를 뛰어넘는 새로운 메시아의 도래를 예견했다. 그리
고 모든 신도들이 그 진실을 이해하게 되면, 종교적인 법이나 의식에 대한
필요성은 사라지게 될 터였다.

박해와 강제 이주에도 불구하고, 이스마일 파는 이슬람 세계 전역에 비밀

파티마 계 칼리프인 알 무이즈
가 소유했던 상아로 만든 이
고급 궤에는 그와 '그의 훌륭
한 조상들 그리고 순수한 후손
들'에게 신의 축복을 기원하
는 명각이 새겨졌다. 파티마
왕조는 이 명각을 아래의 금화
디나르에도 새겨넣었는데, 이
는 이슬람 종파인 시아 파에
대한 지지 의사를 표명하고 칼
리프 직에 대한 자신들의 정통
성을 강화하기 위해서다.

결사조직과 비밀 사제단이 주축을 이루는 조직망을 수립했다. 909년경 그들은 독자적으로 칼리프를 옹립한 뒤 북아프리카에서 독립제국을 통치하는 데 성공했다. 이 제국의 존재로 말미암아 이라크에서 정권을 유지하기 위해 발버둥치던 아바스 왕조는 느닷없이 뺨을 맞은 꼴이 되었다.

파티마 왕조는 아바스 계 칼리프의 권위를 거부하긴 했지만, 궁전도시를 건설할 때만큼은 숙적의 건축학적 위업에 서슴없이 경의를 표했다. 튀니지의 수도 남쪽 카이라완에 위치한 웅장한 건물군(群)인 알 만수리야는 바그다드 중심부에 자리한 궁전 성벽을 모델─한가운데 통치자의 궁전을 건설한 뒤 원형으로 담을 침─로 삼았다.

건설공사는 알 무이즈의 부친이 칼리프로 재위 중이던 때 시작되었다. 그리고 젊은 시절, 이 궁전도시에 지대한 관심을 보였던 알 무이즈는 나중에 칼리프가 되어 그 계획을 완성시켰다. 도시에 물을 공급하기 위해, 기술자들은 높은 석조 아치로 장식된 수로를 건설했다. 수로는 높은 산에서 저지대까지 30km 정도로 길게 뻗어 있었다. 칼리프의 동료이자 조언자인 카디(이슬람 법에 기초해 판결을 내리는 재판관─옮긴이) 알 누만은, 이 수로는 '하루 종일 걸어야 그 끝에 닿을 수 있는 놀라운 구조물'이라고 표현했다.

알 누만은 또한 석조 요새와 다를 바 없는 알 무이즈의 새 궁전을 보며 크게 감탄했다. 그러나 알 누만의 눈에 비친 알 만수리야를 대표하는 최고의 영광은 대형 홀로, 그것은 경외심을 불러일으키기에 충분했다. 그리고 대형 홀을 떠받치고 있는 2개의 거대한 기둥은 알 무이즈의 노예병사들이 '별 탈 없이 신속하게' 단 하루 만에 수사에 있는 오래된 로마 유적에서 운반해온 것들이었다.

칼리프는 정신을 못 차릴 정도로 로마 유적에 완전히 매료되었다. 그는 카르타고 유적을 여행하던 중 잠깐 잠결에 꾸었던 꿈 이야기를 알 누만에게 전했다. 그는 꿈속에서 그 도시를 건설한 왕자를 만났으며, 그들은 전쟁, 종교, 그외 서로 공통된 관심사들을 토론했다. 혼령은 알 무이즈에게 "나는 당신에게 가르침을 주기 위해 이곳에 왔소"라고 말했다. 그리고 칼리프가 평소에 가지고 있던 의문들을 명쾌히 풀어주겠다고 제의했다. "나는 잠시 침묵하며 질문할 내용을 생각하고 있었는데, 그가 일어서서 떠나버렸다. 그리고는 나도 잠에서 깨어났다."

알 무이즈를 알현하던 도중 자리를 뜰 수 있었던 것은 그가 혼령이기에 가능했던 일이다. 칼리프를 배알하는 사람들은 누구나 복잡한 예절법도를 지켜야 했다. 통치자가 머물고 있는 곳에 들어서면, 그들은 맨 먼저 땅바닥에 엎드린 다음 입맞춤을 해야 했다. 이슬람 예법은 군주에게 전하는 인사말과 경의를 표하는 동작을 사회 계층별로 세분하여 명확하게 제시했다.

조신들은 이 같은 예법들을 정확히 꿰차고 있었고, 방문객들 역시 빠른 속도로 체득했다. 칼리프를 수행하는 특권을 지닌 사람들은 똑바른 자세를 유지한 채 침착하게 서 있고, 칼리프가 직접 지시하지 않은 이상 말을 먼저 꺼내서는 안 된다. 또한 알아들을 수 있을 정도의 낮은 목소리로 대답하며, 칼리프가 재미있는 이야기에 포복절도하더라도 절대로 따라 웃어서는 안 된다. 궁정예법을 다루는 일부 전문가들은, 방문객들은 칼리프를 정면으로 쳐다보지 말고 경외감과 겸손의 표시로 눈을 아래로 낮추어야 한다고 주장했다.

통치자가 알현자에게 앉으라고 권하면, 그 행운아는 올바른 자리를 찾아 발걸음을 옮겼다. 그는 차렷 자세를 한 것처럼 등을 꼿꼿이 세우고, 조심스럽게 앉되 양반다리를 해서는 안 된다. 심지어 칼리프의 측근들(지명된 후계자, 나머지 왕자들 그리고 주요 고위관리들)조차도 옥좌를 중심으로 배석 위치가 미리 정해졌다. 지위가 너무 낮아 접견실에 들어갈 일이 좀처럼 없는 하급관리들은 가끔씩 문지방에 쭈그리고 앉아 그곳에 입맞춤할 수 있는 특권 정도가 부여되었다.

　칼리프는 권위의 상징으로 입거나 지니고 다니는 물건들 덕분에 더욱더 위엄스럽게 보였다. 알 무이즈의 화려한 예복에는 공식행차에 나설 때 태양을 가리는 차양과 높은 직급의 시종 하나가 의례적인 방법에 따라 특별한 옷감으로 왕의 머리를 둘둘 감싼 다음, 꼭대기에 보석을 박아놓는 터번이 포함되었다.

　파티마 계 왕족, 그중에서도 칼리프이자 이맘을 휘감고 있던 영기(靈氣)는 특히 강렬했다. 신의 성유 부음을 받은 자로서, 그는 신성한 존재였다. 그리고 그것은 그가 지니거나 만지작거린 물건들도 마찬가지였다. 이 물건들 속에는 바라카, 즉 은총이 담겨져 있었다. 바라카는 통치자와의 접촉을 통해 생겨났고, 그 물건을 만진 자에게 자동으로 전달되는 불가시적인 것이었다.

　새해 또는 라마단의 종료를 축하하는 연회에서, 칼리프는 백성들에게 손수 음식을 나눠줌으로써 바라카를 선사했다. 그리고 백성들은 음식에 입을 맞춘 뒤 먹지 않고 그대로 보관했다. 칼리프의 의복은 특히 장례를 치를 유가족들이 탐내는 것으로, 그들은 시신을 덮기 위해 직접 궁전으로 찾아가 헌 의복을 구할 정도였다. 심지어 바라카는 통치자의 얼굴을 보기만 해도 전달될 수 있었다. 전쟁터로 향하는 전사들은 알 만수리야의 성문을 지나칠 때 그의 모습을 얼핏 보는 것으로도 사기가 올라갔다. 바라카는 칼리프 주변에서 발현되는 것은 물론이거니와, 병자를 치유하거나 가뭄에 허덕이는 대지에 비를 내리는 등, 멀리서 기적을 행할 때에도 이런 카리스마적인 힘은 이용되었다.

　그러나 칼리프는 바라카에 전적으로 의지하기보다는 충성스런 조언자들을 통해 제국을 효율적으로 다스리려 했다. 알 무이즈의 핵심 측근에는 그의 부친이 해방시킨 노예 출신의 야와르란 자가 있었다. 그는 '슬라브 족'으로 알려졌지만, 이탈리아 태생이란 설도 있다. 그는 2명의 최고 환관 등을 포함해 다양한 주인들을 거친 뒤 알 무이즈의 부친에게 선물로 보내졌다. 자유인이 된 후에도 야와르는 궁정에 남아 일을 계속했다. 그는 카티브, 즉 비서란 직함을 갖고 있었지만, 알 무이즈 아래서 실제 맡았던 역할은 모든 공식문서와 법령 발포를 책임지는 고위 장관이었다. 그리고 파티마 군대가 전쟁을 치르는 동안에는 늘 혁혁한 공로를 세우는 알 무이즈 수하의 최고 장군이기도 했다.

알 무이즈는 22년간의 칼리프 직을 수행하면서 파티마 제국을 세계 최강의 국가로 바꿔놓았다. 야와르의 지휘 아래, 그의 군대는 살벌한 알제리의 부족들과 격전을 치렀고, 그 결과 북아프리카의 거의 모든 부족들을 파티마 왕조로 편입시켰다. 959년 야와르는 모로코의 북대서양 해안지대에 입성했다. 제국의 국경선을 다시 그린 기념으로, 그는 그의 주인에게 바닷속에 사는 싱싱한 물고기를 선물로 보냈다.

이들의 움직임은 코르도바에서도 당연히 알고 있었다. 우마이야 왕조 역시 북서 아프리카를 지배하려는 군사 및 경제적 야욕이 강했다. 파티마 군대가 대서양 바닷물에 발을 담갔다는 소식은 안달루시아 통치자의 심기를 건드리기에 충분했다. 우마이야 군대는 세우타, 탕헤르 그리고 살라에 있는 모로코 병영도시를 방어하는 데는 성공했지만, 페즈의 주요 요새를 장기간 포위 공격한 야와르의 군대를 퇴각시키는 데는 실패했다.

그 당시 코르도바의 우마이야 왕조는 이슬람 세력의 결속화라는 명목적인 기조를 포기한 지 오래였다. 950년대 중반, 그들은 비잔틴 제국의 이교자들과 동맹을 맺었고, 비잔틴 제국 역시 지중해 세력권을 점점 잠식해들어오는 알 무이즈의 위협에 겁을 먹고 있던 터였다. 하지만 비잔틴 인들은 결국 굴복하여 적군인 파티마 왕조와 휴전협상을 벌이게 되었다. 그 결과, 시칠리아 섬은 알 무이즈의 지배하에 놓이고, 콘스탄티노플은 매해 그에게 공물을 바쳐야 했다. 답례로 알 무이즈는 이탈리아 본토에 있는 비잔틴 계 식민지의 내정에 간섭하지 않기로 약속했다.

962년 봄, 알 무이즈는 제국의 영화에 기세등등했다. 재위기간 동안 파티마 왕조는 최고의 전성기를 구가했고, 반란족들은 평정되었으며, 숙적들도 무릎을 꿇었다. 그는 또한 개인적으로 획기적이고 유쾌한 사건을 경험하게 되었다. 즉, 그의 세 아들이 성스러운 할례의식을 치를 때가 온 것이었다. 칼리프이자 이맘은 성년식을 해야 하는 아들이 있는 모든 무슬림 가정은 제국에서 주최하는 1개월간의 할례 축제에 참여하라는 교시를 영토 전역에 내렸다. 부자든 가난뱅이든, 유목민이든 도시 정착민이든, 수니 파든 이스마일 파든 상관없이 모든 소년들은 돈과 선물을 받게 되지만, 참여를 거부한 가족에게는 처벌이 내려질 것이 뻔했다.

알 누만과 동료 조언자들은 참석한 소년들의 수를 확인한 뒤 칼리프의 돈주머니를 긁어다 행사비용으로 사용했다. 그러나 알 무이즈가 이 일을 중단하는 일은 없을 것이다. 그는 할례 축제를 종파와 상관없이 모든 무슬림들의

1582년, 16세를 맞이한 투르크 왕자를 축하하기 위한 할례 축제에서 어린 소년들이 할례의식을 치르고 있다. 무슬림 할례는 대부분 13세가 되는 소년들을 대상으로 이루어졌고, 성인이 되기 위해 꼭 거쳐야 하는 통과의례였다.

117

결속을 다지는 것은 물론, 하나의 이슬람 사회가 진정한 이맘에 의해 영도되고 있다는 사실을 확인하는 중요한 통일 행사로 여겼다.

할례 축제는 이슬람 력으로 라비 알 아왈에 해당하는 4월 8일과 5월 7일 사이에 행해졌다. 전국 각지의 수만 명의 남자아이들이 부모와 함께 알 만수리야로 모여들었고, 궁전 문 밖에서 줄을 서서 차례를 기다렸다. 일단 입장할 차례가 되면 그들은 드넓은 정원 안에 마련된 대형 천막으로 향했다. 그곳에서는 할례 시술을 교육받은 사람들이 이른 아침부터 황혼녘까지 쉬지 않고 수술을 거행하고 있었다. 아이들은 수술 내내 부모의 품안에서 악을 쓰며 울었고, 부모들은 아로마 오일로 상처 부위를 진정시키고 머리에는 장미 향수를 뿌려주었다. 특히 인도 북부에서 데리고 온 곡예사와 여흥꾼들은 소년들의 관심을 딴 데로 돌릴 수 있도록 현란한 묘기들을 마음껏 선보였다.

알 누만의 기록에 따르면, 매일 5,000에서 1만 명에 이르는 소년들이 할례 수술을 받았다고 한다. 축제 마지막 날에는 1만 2,000여 명이 수술을 받았고, 늦게 도착한 나머지 300여 명도 칼리프의 관대한 허락 아래 다음날 아침에 할례의식을 치렀다. 일단 노예들이 대형 천막을 철수하자, 알 무이즈는 이 행사를 정치 및 개인적인 승리라고 선언했다.

그로부터 7년 후, 알 무이즈는 자신의 위대한 운명을 입증할 또 다른 중대한 사건을 맞이하게 된다. 969년 2월 6일, 칼리프가 알 만수리야 성문 밖에서 지켜보는 가운데, 장군 야와르가 파티마 군대를 이끌고 튀니지에서 동쪽 이집트로 진군하고 있었다. 이들 칼리프와 장군은 이집트(바그다드의 아바스 계 왕조의 유지를 받든 왕족들이 지배층을 이룸)를 손쉽게 정복할 수 있는 기회가 바로 지금이란 것을 간파했던 것이다. 당시 이집트는 성서 속의 이야기처럼 가뭄, 기아, 메뚜기 떼 그리고 쥐의 창궐과 같은 천재(天災)를 연상시키는 일련의 자연재해들로 몸살을 앓고 있었다. 알 무이즈는 이스마일 파 성도들을 통해 파티마 계 칼리프·이맘과의 보다 나은 미래의 삶을 그곳 주민들과 약속함으로써 이집트를 공격하기 위해 미리 준비를 해둔 상태였다. 도시의 시장에서는 푸스타트의 상인들이 파티마 군대의 침략을 진심으로 바란다는 소문이 나돈 지 오래였다.

야와르의 군대가 나일 강 어귀의 삼각주에 도착하자, 성직자와 고위관리들로 구성된 이집트 대표단이 그들을 환영하기 위해 기다리고 있었다. 7월 6일 파티마 군대는 유혈전투 없이 통치권을 넘겨받아 이집트를 제국의 동단(東端)에 편입시켰다. 새 정권이 들어섰지만, 이집트의 기존체제는 별반 달라지지 않았다. 오랜 전통을 지닌 효율적인 관료제도 그대로 유지됐으며, 수니 파에 대한 탄압 내지 포기를 종용하는 어떤 압박도 가해지지 않았다.

야와르는 곧바로 푸스타트의 북동쪽(후에 도시 카이로가 생겨남)에 알 만수리야에 버금가는 궁전을 건설하기 시작했다. 알 무이즈가 제국의 중심을 튀니지에서 이집트로 옮길 준비를 하는 동안, 야와르는 통치자의 명령에 따라 4년간 전권 대리의 총독으로서 그곳을 다스릴 예정이었다.

972년 11월, 튀니지의 옛 수도 카이라완의 주민들은 진귀한 풍경을 지켜보기 위해 알 만수리야와 이어진 도로에 일렬로 늘어서 있었다. 도시 성문을 빠져나가기 위해 짐을 가득 실은 당나귀와 낙타 행렬이 끝도 없이 이어졌다. 먼지가 쌓이지 않도록 조심스럽게 포장된 비단 족자, 양탄자, 바구니 그리고 책과 문서가 담긴 궤들을 잔뜩 실은 짐승들은 그 무게를 이기지 못하고 비틀거렸다. 그들 뒤로 호위대의 삼엄한 경호를 받으며 왕실의 보물을 실은 짐승들이 따라왔으며, 보물들은 수송의 편의를 위해 금괴와 은괴로 변형시켜놓았다. 이 세속적인 물건들과 적당한 거리를 유지하며 파티마 왕조의 고관들을 태운 말과 낙타의 행렬들이 길게 이어졌고, 그들의 아내와 자식 그리고 첩들도 완벽한 보호 아래 장막을 친 가마를 타고 함께 뒤따랐다.

왕실 차양으로 몸을 가린 칼리프이자 이맘이 모습을 드러내자 웅성거리던 구경꾼들이 일순간 입을 다물었다. 이제 자신들을 버리고 동쪽의 새로운 약속의 땅으로 떠나는 군주처럼 행운도 그렇게 떠날까봐, 그들은 칼리프의 은총을 조금이라도 더 받기 위해 너나 할 것 없이 무리 밖으로 손을 뻗었다. 그리고 카이라완에서 파티마 왕조를 창건하고 통치했던 3명의 파티마 계 칼리프의 관을 실은 화려한 가마들이 행렬 속에 나타나자 그들의 마음은 더욱더 무거워졌다.

칼리프·이맘의 행렬이 해안선을 따라 카이라완에서 이집트의 알렉산드리아까지 이사하는 데 6개월 이상이 걸렸다. 바닷길을 이용한 파티마 함대도 그 정도의 기간이 소요되었다. 973년 6월 10일, 알 무이즈는 새 수도인 카이로에 입성했다. 그는 그곳에서 18개월 뒤 세상을 떠났고, 그의 왕조를 아바스 계를 능가하는 최고 권좌에 올려놓는 개가를 올렸다. 심지어 이슬람 신앙의 중심지인 성지 메카와 메디나에서도, 금요예배는 이제 바그다드의 칼리프가 아닌 이집트의 칼리프에 대한 찬양으로 최고조에 달했다.

양식과의 정사

"인간의 미는 유창한 말솜씨에 있다"는 베두인 격언이 있다. 이것은 문학이 아랍 세계에서 가장 창조적인 업적 중 하나이며, 비아랍 민족들이 음미하기 가장 난해한 것 중 하나라는 강렬한 믿음을 반영한다. 아랍의 시와 산문은 몇 개의 경우를 제외하고는 모두 암송하는 것을 의미했다. 내용이 양식보다 덜 중요했고, 그래서 양식에 치중한 결과 간결하고 명료한 문학이 탄생했으며, 어떤 번역으로도 담아낼 수 없는 아랍 고유의 운율이 도입되었다.

페르시아와 인도, 아랍의 민담을 짜깁기한 〈천일야화〉는 진니(이슬람의 정령−옮긴이)와 마술 양탄자 등으로 많은 인기를 누렸던 서양과 달리, 아랍 세계에서는 그 어떤 갈채도 받은 적이 없었다. 그것은 우아한 고급 산문이 아니었다. 어느 아랍 비평가는 '저속하고, 재미없는 책'이라고 폄하하기도 했다. 서양인들은 〈천일야화〉를 아랍 문학의 보물로 생각하지만, 아랍 어권 사람들은 〈쿠란〉을 최고의 자리에, 그리고 12세기 문학작품인 알 하리리의 〈마카마트〉를 두 번째의 자리에 올려놓았다.

악당들의 모험담을 노래한 알 하리리의 작품에서, 이야기는 언어적 기교, 말장난, 수수께끼, 익살맞은 암시와 재치 있는 은유를 위한 배경에 불과했다. 전체 에피소드는 오로지 점을 찍지 않은 분절된 아랍 어에서 창조되었다. 그림에 나와 있는 〈마카마트〉의 주인공인 약삭빠른 아부 자이드는 그의 재치 있는 말솜씨를 돈으로 사례할 의향이 있는 고객들 앞에서 자신의 문학적 재능을 마음껏 과시하고 있다.

이슬람에서는 인물 형상의 묘사를 금지하기 때문에, 문학 필사본에 삽화가 등장한 때는 11세기가 지난 뒤였지만, 여전히 살아 있는 사람의 초상화는 꺼리는 분위기였다. 이 세밀화 속의 인물들의 목에 의도적으로 사선이 그어진 이유는 상징적으로 죽은 자들임을 표시하여 종교적으로 아무 문제가 없는 그림으로 만들기 위해서였다.

예언자 이전의 시

아랍 문학은 척박하고 단조로운 일상 속에서 빈번한 약탈전을 통해 삶의 활력을 찾는 유목민족들의 땅인 아라비아 중부 및 북동부의 모래 벌판에서 태동했다. 각 부족에는 진니에게서 영감을 얻는 시인이 한 명씩 있었으며, 그들은 여흥꾼과 포교자의 역할을 맡았다고 전해진다. 아랍의 음유시인들은 시로 부족 성원들을 즐겁게 하는 것 외에, 가끔 열리는 부족간 시 경연대회에 참가하여 혀를 부드럽게 굴리며 동료 전사들의 공적을 찬양하기도 하고 상대편 적들을 맹렬히 비난하기도 했다.

500년경, 시인들은 카시다, 즉 장편 서정시를 노래하기 시작했다. 카시다는 대강 3개의 영역으로 구분되었다. 도입부에서는 부족과 함께 떠난 애인을 그리며 슬퍼하고, 이탈부에서는 사막 여행을 노래하며, 목적부에서는 시인의 부족을 칭송하는 찬사나 적들을 겨냥한 비난의 글들로 꾸며졌다. 8세기에는 가장 유명한 카시다

일곱 작품이 〈무알라카트〉란 제목으로 수집되었다. 〈무알라카트〉는 '걸어놓은 시'란 뜻으로, 시 경연대회에서 입상한 작품들을 고급 리넨에 옮겨 적은 뒤 메카의 카바에 걸어놓았다는 전설에서 따온 이름이다. 오른쪽에 인용된 구절에서도 알 수 있듯이, 정교한 운율체계, 단운 그리고 몇 개의 정확한 단어로, 선명한 이미지 포착에 천재적인 〈무알라카트〉는 다가올 세기에 시적 기준을 제시했다.

〈무알라카트〉의 7명의 시인 중 한 명인 안타라흐가 2개의 인물로 분장한 그림. 왼쪽은 존경받는 문장가이고, 오른쪽은 전장에서 돌아온 전설적인 아랍 민중의 영웅인 검은 전사이다.

기쁨과 슬픔이 교차하는 사랑의 단면은 카시다에서 없어서는
안 될 부분이었다. 터키 족의 연시와 함께 아래 그림에서,
천막 속의 연인들은 긴 이별을 앞두고 작별인사를 나누고 있다.

나의 날카로운 창이
그의 단단한 갑옷을 뚫었네
(아무리 고귀한 것도 창 앞에서는 절대적이지 않네)
왕관을 쓴 머리에서 손목까지 그의 육신이
맹수들에게 잡아뜯기도록,
죽은 육신은 그대로 버버려두네.

사자는 자칼 칼릴라와 딤나가 지켜보는 가운데 친구인 황소를
물어뜯고 있다. 왕국의 제왕인 사자는 질투심 많은 딤나의
이간질로 인해 친구와의 믿음이 깨졌다는 사실을 나중에 깨닫게 된다.
이것은 왕족에게 이르는 경고로, 신하들의 조언을 신중하게
받아들이라는 의미를 담고 있다.

까마귀 떼가 동굴 속에 갇힌 올빼미들을 숨막혀 죽게 하기 위해
불길을 향해 열심히 날개를 퍼덕이고 있다. 끈덕지게
기다린 끝에 풀려난 인질들은 곧바로 까마귀들을 유인해 똑같은
복수를 가한다. 이것은 적의 면전에서 베푼 관용은 꼭 대가를
치르게 된다는 메시지를 담고 있다.

계몽과 재미를 위한 우화

8세기 중반, 이슬람의 중심부가 아라비아 사막에서 도시 바그다드로 이동함으로써, 아랍 사회는 신선하고 다양한 문화와 사상으로 흘러넘쳐 문학의 황금시대를 예고했다. 근 100년간, 아랍 산문은 흉내낼 수 없는 신의 말씀인 〈쿠란〉의 구절을 암송하는 것에 국한되었다. 이제 도시생활은 실용적인 지식과 오락이 결합된, 세속적인 산문문학이 발전할 수 있도록 밑거름을 제공했다. 기도서와 기담(奇談), 설화[총칭하여 아답(adab)으로 알려짐]는 왕족과 관리들에게 처세술을 가르쳤고, 새로운 도시 사회에 폭넓게 유행했다. 최초의 아답은 인도의 우화집을 번역한 〈칼릴라와 딤나〉로, 이슬람으로 개종한 페르시아 인인 이븐 알 무카파의 작품으로 유명하다. 이야기 속의 철학자 비드파이는 두 마리의 자칼(처세에 능한 칼릴라와 교활한 동생 딤나)과 수다스런 원숭이, 까마귀, 낙타, 벼룩 등과 같이 진짜 대상(隊商)들이 등장하는 수많은 우화들을 인용하며 왕에게 통치술을 가르쳤다.

750년경에 발표된 〈칼릴라와 딤나〉는 많은 양의 삽화가 실린 몇 안 되는 아라비아 걸작품 중 하나이다. 이 작품은 시대를 초월하여 많은 인기를 누렸다. 이 14~15세기의 〈칼릴라와 딤나〉에는 우화별로 아래와 같은 양식화된 그림을 이용하여 도덕적 교훈을 구체화하고 있다.

목마른 코끼리에게 물웅덩이를 빼앗기지 않기 위해 영리한 토끼 페이루즈는 달을 이용해 코끼리가 물가를 떠나도록 속임수를 썼다. '쉽게 속는 사람은 늘 지게 마련이다'라는 메시지를 담고 있다.

각운체의 산문에 관한 입문서

　　10세기경 도서관과 대학이 이슬람 전역에 우후죽순 생겨났고, 종이도 광범위하게 보급되었다. 이것은 아라비아 문학의 번영기를 예고하는 중대한 사건이었다. 정교하게 다듬은 각운체의 산문은 차후 2세기에 걸쳐 아랍 어 특유의 언어적 기교를 과시하며 발전해나갔다.

　　운율을 이용한 〈쿠란〉의 양식을 잇는 새로운 장르가 '시대의 불가사의'로 알려진 작가 알 하마다니에 의해 창안되었다. 그것은 마카마로, 아라비아 어로 문학적 모임을 뜻한다. 알 하마다니의 〈마카마트〉에는 교활한 나그네가 문학적 모임에 나타나 재치 있는 말과 그 당시 풍습에 관한 풍자들로 청중을 매료시키는 장면이 나온다.

　　알 하마다니 작품의 반(反) 주인공은 12세기 알 하리리의 〈마카마트〉에 등장하는 매력적인 사기꾼, 아부 자이드의 모델이 되었다. 문법적으로 잘 다듬어진 그의 〈마카마트〉는 높은 평가를 받아, 귀족의 자제들이 〈쿠란〉에 이어 자주 암송하는 교재가 되었다. 특히 여타의 문학 필사본에서 찾아보기 힘든 많은 양의 삽화 덕택에 학생들은 재미있게 암기에 열중할 수 있었다.

알 하리스의 결혼식에 참석한 손님들에게 수면제를 먹인 후, 가난한 아부 자이드가 그들의 물건을 훔쳐 아들에게 건네고 있다. 알 하리리의 〈마카마트〉의 내용에 따르면, 사악하지만 매력적인 이 사기꾼은 다음날 매혹적인 시들을 암송하며 알 하리스에게 용서를 구한다.

메카로 떠나기 전, 아부 자이드가 알 하리리의 〈마카마트〉의 해설자인 알 하리스를 다정하게 껴안고 있다. 각운체 산문의 이 악한 모험담은 반복되는 이들의 우연한 만남이 주요 얼개를 이룬다.

알 하리리의 〈마카마트〉에 나오는 일화를 묘사한 13세기 세밀화.
아부 자이드와 알 하리스는 하피(여자의 얼굴과 새의 몸을 가진
탐욕스러운 괴물 — 옮긴이)와 다른 이국의 생명체가 살고 있는
동방의 섬으로 항해를 떠났다.

3 :: 세계의 정원

카이로에서 능력이 탁월한 의사 중 한 명인 이븐 리드완은 3~4일째 심한 두통을 앓고 있었다. 고대 그리스의 외과의사인 갈레노스의 참된 제자인 이 무슬림 의사는 스승의 이론에 따라 자신의 병을 진단했다. 그것은 4가지 체액, 즉 혈액, 점액, 황담즙 그리고 흑담즙 중 하나의 균형이 깨짐으로써 생긴 결과였다. 갈레노스의 이론에 따르면, 이 체액들은 신체의 건강뿐만 아니라 심리적인 기질에도 영향을 미친다고 한다. 예를 들어, 사람들을 명랑하게도 만들고, 무기력에 빠지게도 하며, 아니면 화를 버럭 내게도 만든다는 것이다. 따라서 관자놀이가 쿡쿡 쑤시는 증상은 '머리에 피가 너무 많이 몰려서' 생긴 것이라고 이븐 리드완은 결론을 내렸다. 과도한 피의 양을 줄여 균형을 회복하기 위해, 그는 혈관에서 피를 뽑는 방혈을 시도했다. 그는 여러 번 방혈을 시도했지만, 지독한 두통은 사라지지 않았다.

어느 날 밤 몸져누워 있는 이 의사의 꿈속에 갈레노스가 나타났다. "그는 내게 자신의 저서인 〈치료법에 관하여(Methodus medendi)〉를 읽어달라고 요청했다. 나는 그의 지시대로 7개의 장을 차례로 읽었다. 그리고 일곱 번째 장의 마지막 문장에 거의 다다랐을 무렵, 그가 내게 소리쳤다. '그래, 두통!

혼잡하고 활기 넘치는 19세기 카이로의 거리는 중세 카이로의 좁은 길을 돌아다니던 주민들에게는 친숙한 장면일 것이다. 14세기의 유명한 역사가 이븐 할둔은 "나는 이 도시 거리 곳곳을 돌아다녔다. 거리는 보행자 무리들로 숨이 막혔고, 시장 안은 삶의 기쁨으로 충만했다"고 기록했다.

129

자네 두통을 심하게 앓고 있다고 했지?'"라고 이븐 리드완은 수많은 논문들 중 하나에 상세히 기록했다. 바로 그때 꿈속의 갈레노스는 머리 밑쪽으로 '흡각(吸角) 방혈법(피부에 밀착시킨 유리컵이나 금속 잔의 공기를 완전히 빼낸 뒤 피를 뽑는 것)'을 시도하라고 처방을 내렸다. "이윽고 나는 잠에서 깨어났고, 곧바로 흡각 방혈법을 시행했다. 그랬더니 두통이 씻은 듯이 사라졌다"고 그는 덧붙였다.

11세기 중반의 무슬림 외과의사가 꿈속에 나타난 고대 그리스 의사의 지시를 따랐다는 것은 그렇게 이상한 일이 아니었다. 이븐 리드완 시대의 수많은 학자들은 고대 그리스의 철학 및 과학에 관한 수많은 글들을 이슬람 제국의 언어인 아랍 어로 번역했다. 그리고 이런 그들의 노고로 확립된 지적이고 과학적 기반은 후에 이슬람의 르네상스로 알려진 시대를 태동시키는 밑거름이 되었다. 그 당시 이집트, 그중에서도 수도이면서 쌍둥이 도시인 푸스타트·카이로는 인구 증가와 예술의 전성기 그리고 폭넓은 경제적 번영을 누리고 있었다.

이 같은 번영은 무슬림과 비무슬림 모두에게 많은 이득을 가져다주었다. 그것은 이븐 리드완과 동시대인인 상인이자 은행업자인 유대인 나흐라이 벤 니심의 삶과 부를 통해서도 알 수 있다. 튀니지의 마그리브에서 푸스타트·카이로로 이주한 나흐라이는 옷감을 비롯한 상품들을 교역하는 일을 했는데, 이는 파티마 왕조 때 최고 호

임시 가설대에 앉아 있는 흡각 치료자가 뜨겁게 가열한 기구를 환자의 피부에 갖다대며 치료하려 하고 있다. 흡각시술은 상처치료와 해독작용에 효과가 있다고 한다. 환자의 생김새는 13세기 몽골의 침략 이후 시리아와 이집트 예술에 나타나기 시작한 극동지방의 영향력을 보여준다.

황을 누리던 사업이었다. 이집트를 중심으로 동으로는 아라비아와 시리아, 서로는 북아프리카 지역을 아우르는 대제국을 형성했던 파티마 왕조는 지중해와 홍해 근방뿐만 아니라, 멀리 유럽과 인도까지 국제무역의 확대를 지지하는 열렬한 후원자였다. 누비아 광산에서 이집트로 황금이 유입되고, 세금과 공물들이 칼리프의 금고를 가득 채움에 따라, 파티마 왕실은 유리와 도자기 등과 같은 사치품 산업을 부추기는 진원지가 되었다. 푸스타트·카이로는 상품 집산의 중심지로서 크게 성장했고, 칼리프 계승자들은 그곳에 화려한 궁전과 아름답게 치장된 대영묘와 모스크를 건설했다. 뿐만 아니라 높은 수준의 지적 분야, 그중에서도 철학과 종교, 과학은 왕실의 후원 속에 높은 발전을 이룩했다.

이 최고의 절정기에서, 파티마 왕조는 서서히 쇠락의 길을 걷다 결국 몰락했다. 파벌싸움, 기독교 십자군과 칭기즈 칸이 이끄는 몽골 전사들의 침략 등 국내외 문제가 복잡하게 뒤얽힌 상태에서 왕조는 회복할 수 없는 나락의 길로 빠져들었다. 결국 13세기경 맘루크로 알려진 새로운 군사정권이 지배세력으로 등장했다. 푸스타트·카이로는 오랜 격동의 세월 속에서도 꿋꿋이 살아남아, 14세기 말경 이슬람 세계의 최고 교육 중심지 중 하나가 되었다. 대중강연과 논쟁을 위한 공공장소로도 유명했던 이 도시는 1382년 튀니지에서 이집트로 이주한 저명한 역사가이면서 재판관 및 외교관을 역임했던 이븐 할둔과 같은 유명한 학자들을 끌어들였다.

이븐 할둔은 이븐 리드완, 나흐라이 벤 니심과 함께 나일 강의 도시에 대한 깊은 이해를 공유했다. 외과의사인 이븐 리드완은 같은 동족인 카이로 주민의 건강을 유지하고 회복하는 데 온 생애를 바쳤다. 마그리브 인임을 자처하는 나흐라이 벤 니심은 50년 넘게 살아온 제2의 고향 카이로에서 국제무역의 난관을 극복하고 명망 있는 지역의 지도자로서 자리매김했다. 그리고 역시 마그리 인인 이븐 할둔은 20년 동안 카이로에서 군주 맘루크를 보필했고,

다마스쿠스의 성문 밖에서 위대한 정복자 타메를란(티무르의 별칭으로, 절름발이 티무르란 뜻-옮긴이)을 독대함으로써 중대한 이력을 완성시켰다. 그리고 남은 여생을 스스로 '우주의 대도시, 세계의 정원'이라고 명명했던 카이로에서 살기 위해 이 도시로 돌아왔다.

카이로가 이븐 할둔의 찬사를 받을 만한 가치 있는 도시로 성장한 것은 훨씬 나중의 일이지만, 그곳의 쌍둥이 도시 푸스타트는 이븐 리드완이 외과의사로 일했던 11세기 당시 이미 번창일로에 있던 도시 중심지였다. 푸스타트는 과거 군 숙영지의 옛터에서 발전했고, 도시명은 천막을 뜻하는 아랍 어또는 7세기경 나일 강의 비잔틴 요새를 점령한 이슬람 군대가 세운 천막을 뜻하는 그리스 어에서 나온 것으로 짐작된다. 나일 강의 드넓은 삼각주 꼭대기에 위치한 숙영지 부지는 해상공격으로부터 안전했고, 이집트의 부유한 내륙지방으로도 쉽게 접근할 수 있었다. 이런 전략적 위치 때문에 이슬람 군주들은 나일 강 서편에 자리한 지중해 항구 알렉산드리아에서 이곳으로 수도를 옮겼다. 10세기 후반, 파티마 계 칼리프인 알 무이즈는 푸스타트 북동쪽에 왕실 은신처를 마련하기로 결정했고, 후에 그는 푸스타트와 합쳐, 바그다드에 필적하는 도시를 이루게 될 카이로를 건설했다. 반면 푸스타트는 7층짜리 건물들이 들어설 정도로 성장가도를 달렸으며, "널찍한 공터, 거대한 시장, 인상적인 상업지구" 그리고 "계절에 상관없이 늘 울창한 공원과 꽃들이 만개한 정원들"이 늘어서 있었다고 한 방문객은 회고했다.

1005년 칼리프 알 하킴에 의해 건설된 다르 알 일름, 즉 지혜의 집은 카이로가 학문의 도시로 조금씩 알려지는 데 일익을 담당했던 기관 중 하나였다. 바그다드에 있는 유사한 기관을 모델로 삼은 이 지혜의 집에는 칼리프가 중요하다고 생각하는 책들이 잔뜩 쌓여 있었다고 당시 연대기 작가들은 기록했다. "즉, 과학과 문화 분야의 필사본은 물론이고 칼리프도 한 번 넘겨본 적이 없는 장서들까지" 모든 것이 총망라되었다. 다르 알 일름은 각계각층의 모든 사람들에게 활짝 열려 있었고, 그들은 그곳에서 책을 읽거나 글들을 옮겨 적었다. 필사하는 데 필요한 종이와 갈대로 엮은 필기도구, 잉크와 잉크병은 모두 칼리프가 기증한 것들이었다.

당연히 이븐 리드완도 외과의사가 되기 위해 그곳에서 방대한 의학지식을 소화하며 열심히 공부했다. 푸스타트 강 건너편 기자 마을에서 가난한 제빵사의 아들로 태어난 그는 탄생 별자리의 권유대로 의학공부를 하게 되었다고 자서전에서 밝혔다. 하지만 의사의 길은 그리 녹록한 게 아니었다. 그는 10세 때 수도로 거처를 옮겼고, 14세 때 의학과 철학을 공부하기 시작했다. 다른 재정적 지원 없이, 그는 점성술로 점을 보고, 친구의 병원에서 대리 근무를 하거나 다른 학생들을 가르치는 것으로 간신히 생계를 이어나갔다. 그러나 이 꿈 많은 의사는 얼마 지나지 않아 스승들의 형편없는 실력에 염증을 느꼈다. "순간 의사들이 의술에 너무 무지하다는 생각이 들었다. 그래서 나는 그들을 차례로 시험해보았는데, 결국 서재에 꽂힌 갈레노스와 히포크라테스의 저서들은 들춰보지도 않은 채 제목만 줄줄이 꿰차고 있었던 것임을 알게 되었다"고 이븐 리드완은 서술했다.

이븐 리드완은 고대의 의학서적들을 스스로 공부하기로 결심했다. 뚱뚱한 몸매에 느린 말투와 눌변의 그는 결코 매력적인 인물은 못 되었다. 하지만 중도에 포기하는 일 없이 의학연구에 매진하는 그의 열정은 그런 단점들을 메우고도 남았다. 그는 스승이 아닌 방대한 양의 갈레노스 저서를 집중적으로 연구함으로써 상당량의 의학지식을 습득할 수 있었다.

카이로에 있는 야심찬 의사들은 수사학, 산수 등 자유 7과목(그외 문법, 논리학, 기하, 천문, 음악으로 구성된 중등·고등교육 과정의 기초과목−옮긴이)을 숙달했고, 건강과 질병에 관한 기본문제에 관해서는 이성적으로 또는 세속적인 접근으로 일관했으리라 추정된다. 그러나 의학교육은 물론이고, 실제 의사 취득 과정도 하나의 제도로서 정착되지 않았다. 의사들은 자기 아들(또는 딸)들에게 의술을 전수하는 게 관례였고, 따라서 7대에 걸쳐 의사가 배출되는 집안도 생겨났다. 재정이 뒷받침되는 학생들은 대개 모스크나 가정교사의 지도 아래 교육을 받았지만, 더러는 병원이나 도서관에서 공부하기도 했다. 그리고 이븐 리드완처럼 독학한 뒤 개업의 밑에서 또는 병원에서 훈련과정을 밟는 경우도 있었다.

자칭 의사라고 하는 자들이 제공하는 의료의 질은 매우 다양했다. 카이로의 의사들 중 돌팔이가 많다는 것을 확인한 이븐 리드완은 "무지한 의사는 유행하는 페스트나 도둑들보다 신체에 더 많은 해악을 끼친다"고 단언했다. 일례로 한 의사가 멀쩡한 수염을 길게 그리고 반백이 되게 만드는 약을 구하기 위해 이븐 리드완을 찾아왔다. 그가 이유를 묻자, 나이가 좀 들어보여야 환자들로부터 더 많은 존경과 신뢰를 얻는다는 것이었다. 어이없는 대답에 이븐 리드완은 그를 혼내준 다음 즉시 돌려보냈다고 한다. 안장에 꼭 쿠션을 깔고 노새를 몰 정도로 품위 있는 또 다른 의사는 아스트롤라베를 살펴보고 나서야 환자의 질병 상태를 고려했다. 아마도 태양의 위치가 질병의 진행상태에 영향을 준다고 생각했던 것으로 여겨진다. 뿐만 아니라 한쪽 몸이 마비된 환자에게 "추운 날 우유로 머리를 적시라"고 처방을 내린 점입가경의 의사도 있었다.

다른 의사들의 돌팔이 의료행위를 재빨리 비난하고 나섰던 이븐 리드완 역시 맹점과 지론(持論)이 없는 것은 아니었다. 그 역시 '성마른 사람들을 사탕의 해악으로부터 보호하기'라는 황당한 주제로 논문을 쓴 적이 있었다. 그러나 이븐 리드완은 양심적인 의사였다. 그는 "환자를 진

우아한 도시미
고상하고 전원적인 도시 주택의 안뜰과 영양(羚羊)이 그려진 고급 도자기 접시는 중세 카이로의 부유층들이 우아한 생활양식을 향유했음을 보여준다. 안뜰은 집안에 빛과 통풍을 제공했고, 전통적으로 생일잔치와 결혼식, 종교 향연 등 중요한 집안 행사를 치르는 장소이기도 했다.

료할 때 처음에는 무해한 약으로 처방하다 확실한 진단이 내려지면 그때 진짜 치료에 들어갔다"고 한다. 모든 생명체는 4가지 체액의 영향하에 있다는 갈레노스 이론에 심취해 있던 이븐 리드완은 의사가 병을 파악하려면, 먼저 어떤 체액이 근본적인 문제를 일으켰는지 밝힌 뒤 신체와 신체 환경 간의 필수적인 균형을 회복하는 방법을 찾아야 한다고 생각했다. "이집트와 이집트에 있는 모든 생명체들은 약한 체질을 타고났다"고 확신한 그는 "강한 신체와 조잡한 체액을 대상으로 저술한 그리스와 페르시아의 의학서적에 씌어진 처방전"을 거부했다. 대신에 그는 "치료는 이집트 인의 체질에 맞게 바뀌어야 한다"고 생각했다.

그래서 이븐 리드완은 환자들을 위해 순한 약으로 주의 깊게 처방하며 복용량도 적당히 조절할 것을 주창했다. 예를 들어, 위장을 강화하기 위한 처방으로 신 모과 즙, 사과, 쓴 포도주, 달고 시큼한 석류에 생강, 사향, 사프란, 그외 향료를 섞어서 만든 혼합 음료를 마시도록 권장했다. 또한 '페스트가 유행하는 시대'에 전염병으로부터 몸을 보호할 수 있는 음료도 개발했다. 이것은 백포도주 또는 달콤한 나룩풀즙에 신 모과, 사과, 시트론(귤 속의 식물) 그리고 달고 신 석류즙을 섞어서 끓인 다음 달콤한 시럽을 넣고 마셨다.

그 동안 쌓아올린 공적 덕분에 이븐 리드완은 칼리프 알 무스탄시르에 의해 이집트 왕실 주치의로 임명되었다. 그는 또한

중세 카이로 인들은 왼쪽의 대리석 항아리와 같은 용기에 식수를 저장했다. 그들은 또한 질그릇 단지도 사용했는데, 종종 벌레들이 걸리도록 목 부문에 물거르개를 구워놓기도 했다.

화려한 무늬와 색상의 의상, 정교하게 짠 베일 그리고 헤너로 장식한 손과 손톱은 이 아랍 여성들이 유행을 좇았음을 짐작하게 한다.

결혼을 하여 가정을 이뤘고, 당시 수도의 상업 중심지였던 푸스타트 전역에 서너 군데 대단위의 땅들을 매입할 정도로 재산도 모았다. 의심할 여지 없이, 그는 걸을 새도 없이 노새를 타고 도시 곳곳을 바쁘게 돌아다니며 진료에 나섰을 것이다. 그리고 더운 여름날에는 비좁은 거리를 통과하느라 미세한 흙 속에 그리고 바람 한 점 없는 공중에 떠 있는 먼지들을 온몸에 뒤집어쓴 채 집으로 돌아왔을 게 분명하다. 하루종일 그의 감각기관은 짐승의 분뇨, 뚜껑 열린 하수구 그리고 나일 강으로 배출되는 화장실의 악취로 절어졌을 것이다. 그러니 페스트와 전염병이 빈번하게 발생하는 것은 그리 놀랄 일도 아니었다.

물을 식수용으로 정화하는 것은 이븐 리드완의 아내나 하녀들에게는 가장 중요한 가사일 중 하나였다. 물론 그녀의 남편은 개인의 기질을 계절적인 시기와 결부지어 물을 정화시키는 정확한 비결을 알고 있었다. 예를 들어, 성마른 사람들은 여름에 식초, 아르메니아의 흙, 붉은 흙, 백악(빛깔이 희부옇고 잔모래가 많이 섞인 흙―옮긴이) 그리고 잘게 부순 여러 종류의 가시 관목을 섞어서 사용하도록 했다. 차분한 성격의 사람들은 겨울에 살구씨 속, 딜(미나리과 식물), 야생 백리향 그리고 쓴맛의 아몬드를 섞어 물을 여과토록 했다. 그리고 여과된 물을 거르고 끓이고 밤새 놔두는 과정을 여러 차례 반복하다보면 마시기 적당할 정도의 정화된 물이 만들어졌다.

| 일하는 여성 |

무슬림 여성들은 학문, 자선사업, 가사, 상업, 의술이나 산파술 등 다양한 직업 분야에서 활동했다. 그러나 대부분은 가정이란 틀 안에서 여성만을 상대하며 지내는 것을 가장 이상적인 삶으로 생각했다.

여느 사회와 마찬가지로 직업적 향방은 사회계급에 의해 결정되었다. 예를 들어, 부친으로부터 영지를 물려받은 여성은 토지를 사고팔고, 장사에 투자하며, 이자를 받고 돈을 빌려줄 수 있었다. 부유한 상류층 여성들은 예술가들을 후원하거나, 새로운 모스크를 출자하며, 또는 명망 있는 학자들과 공부했을 것이다.

모든 계급의 여성들은 바느질뿐만 아니라, 실을 잣고 염색을 하고 비단, 무명, 리넨을 소모(梳毛, 양모의 긴 섬유만 골라 가지런하게 다듬는 방적의 한 공정 – 옮긴이)하는 방법을 배웠다. 면직물 생산은 중산층 여성들에게 이윤 창출의 산업이었다. 그러나 그들은 시장에서 얼굴을 드러내놓고 장사할 수 없었기 때문에, 물건을 팔기 위해서는 중간상인을 고용해야 했다. 하층계급의 여성들은 집 밖에서 주로 바람직하지 못한 일들을 찾아야 했는데, 일례로 목욕 수발인, 미용사 교사 그리고 여흥꾼 등이 있었다. 기술이 없는 사람들은 시신을 씻고 장례식에서 대곡(代哭)하는 일을 직업으로 삼았다. 반면, 절망의 끝으로 내몰린 여성들은 노예나 매춘부로 나설 수밖에 없었는데, 이 일들은 "학자들과 반듯한 직업을 가진 사람들에게서 멸시를 받았다"고 한 남성 학자는 경멸조로 회고했다.

한 여성이 한 손으로는 물레의 손잡이를 돌리고 다른 손으로는 실패를 고정시키면서 실을 잣고 있다. 직물을 짜는 것은 중산층 무슬림 여성들에게 수익을 보장하는 일이었다.

여자 예악인들은 주로 결혼 연회에서 손님들의 흥을 돋우었다. 오른쪽의 축하연에서, 인도 무슬림 여성들은 춤을 추고, 캐스터네츠를 연주하며, 탬버린을 치고 있다. 남자들은 나팔을 불고 북을 세차게 두드리고 있다.

산파가 하녀의 보조 속에 힘들게 출산하는 부유층 여성을 보살피는 동안 그녀의 남편(위, 가운데)과 다른 가족들은 다른 방에 머물러 있다. 산파는 집 밖에서 일을 할 수 있도록 허락된 영예로운 직업이었다.

무슬림 안식일 전야에 해당하는 목요일 밤이 되면, 이븐 리드완의 아내는 이집트 여성의 기본적인 즐거움 중 하나를 고대했을 게 당연하다. 그것은 바로 매주 공중목욕탕에 가는 것으로, 대부분의 사람들은 이것을 여성의 신체뿐만 아니라 정신건강에도 중요한 의식이라고 생각했다. 그러나 모든 사람들이 50개가 넘는 푸스타트의 목욕탕을 축복의 장소라고 생각지는 않았다. 그 중 이븐 리드완도 목욕탕의 커다란 화로에서 나오는 과도한 연기는 공기를 오염시킨다고 불평했다.

이븐 리드완의 아내는 나머지 요일에는 집 안 욕실에서 목욕했을 것이다. 매일 아침 그녀를 도와줄 하인 하나가 구리 대야에 담긴 물을 물병으로 뜬 다음 여주인의 손 위에 부었다. 비누는 금속 상자에 담고 덜어서 쓰는 가루재, 즉 우쉬난(ushnan)을 사용했다. 화장대 주위에는 은제 거울과 백단으로 만들고 은세공으로 치장된 보석 상자가 있다. 그녀는 화장먹(안티몬 분말, 아라비아 여성 등이 눈 언저리를 검게 칠하는 데 사용됨-옮긴이)을 눈에 바르고, 은제 빗으로 머리를 다듬은 다음, 은제 용기에 담긴 향수를 골고루 섞어서 뿌렸을 것이다.

하루를 시작할 준비가 끝나면, 이븐 리드완의 아내나 그녀의 노예들은 수많은 의무들과 맞닥뜨려야 했다. 그것은 남편의 소신을 따르기 위해서 어쩔 수 없는 일이었다. 그는 갈레노스의 이론대로 공기상태에서 음식과 살림살이에 이르기까지 기질과 체액의 균형을 완벽하게 맞추는 일에 집착했다. 그래서 여름에, 그의 아내는 꽃, 물, 부채 그리고 훈증약(燻蒸藥) 등을 이용하여 공기를 서늘하고 쾌적하게 만들고, 거실에는 제비꽃,

보석상인과 약제사, 도축업자 그리고 제빵사는 수크로 쓰여진 시장 거리에 일렬로 늘어선 채 열심히 장사하고 있다. 이 '초라한' 노점들은 전형적인 중세 이슬람 수크의 모습을 보여주지만, 사실은 동종의 상품들을 취급하는 상인들끼리 구역별로 모여 있는 것이 일반적이다.

장미, 야생 백리향과 같은 서늘한 방향식물들을 갖다놓는 특별한 노력을 해야 했다. 추운 날에는, 거실에 설치된 난로를 따뜻하게 하기 위해 향긋한 나륵풀, 수선화 그리고 계곡의 백합들을 꽂은 꽃병들을 놓아두었다. 또한 겨울에는 다마스쿠스와 이라크에서 수입한 두꺼운 양탄자를 바닥에 깔았으며, 여름에는 갈대 거적으로 교체했을 것이다. 이븐 리드완이 명령한 음식 또한 계절에 따라 다양했다. 전형적인 여름저녁의 날씨에는 양고기, 시금치, 오이 그리고 보리가 주요 식단으로 준비되었다. 반면, 겨울에는 향료를 잔뜩 뿌린 참새고기, 사탕무, 이집트 콩, 아스파라거스, 마늘, 부추, 양파 그리고 회향이 주로 식탁에 올랐을 것이다. 그러나 이븐 리드완은 계절에 상관없이 식단은 '섭생자의 몸과 섭취할 음식의 유형이 서로 맞도록' 준비해야 한다고 단언했다.

이븐 리드완의 아내는 가끔씩 저녁을 준비하지 않고 남편에게 퇴근길에 시장에 들러 식사를 해결하고 오라고 요청했을지도 모른다. 그러면 그는 오늘

날 햄버거와 비슷한 중세의 하리사(밀가루와 잘게 썬 고기를 기름에 튀김)를 전문적으로 만드는 하라 가게를 찾아갈 것이다. 아니면 거칠게 빻은 밀가루와 대추야자로 요리한 음식에 차가운 양념과 식초, 빵을 내놓는 식당으로 향할 수도 있다. 그는 후식으로 밀가루와 아몬드로 요리한 카타이프로 알려진 사탕과자를 집어들지도 모른다. 하지만 이븐 리드완은 시장거리를 돌아다니며 군것질하고 싶은 유혹을 충분히 떨쳐냈을 것이다. 그 당시 풍습상 남들 앞에서 음식을 먹는 것은 보기에도 흉할 뿐만 아니라, 존경받는 시민이 할 행동이 아니었기 때문이다.

저녁식사를 마친 후, 이븐 리드완은 스스로 '최고의 오락이라 여기는 신과 신의 찬미를 생각하기'에 몰두하며 나머지 저녁시간을 보냈다. 그는 양탄자가 깔린 바닥에 누워 천 꾸러미에 등을 기댄 후, 〈쿠란〉을 통독하거나 가끔씩 플라톤과 아리스토텔레스의 작품들을 읽었다. 그러나 이 훌륭한 의사는 평화로운 사색의 시간을 늘 즐길 수 있었던 것은 아니었다. 카이로에서 개업한 의사들의 수적 증가로 그들간의 경쟁은 치열했고, 그런 탓에 이븐 리드완에게도 경쟁자가 생겨날 수밖에 없었다. 그는 다름 아닌 이븐 부틀란으로, 1049년 바그다드에서 카이로로 이주한 유명한 기독교도 출신의 의사였다.

제3자가 봤을 때, 완고하고 다투기 좋아하는 두 남자 사이 논쟁—의 근원인 병아리와 다른 새의 새끼 중 누구의 피가 더 따뜻한가에 관한 문제—은 사실 하찮게 보일 수도 있다. 그러나 좀더 깊게 들어가면, 이 같은 논쟁은 사실상 누가 정식과정을 거쳐 좀더 나은 교육을 받았느냐에 관한 문제이기도 했다. 스스로를 '겸손하고 사교적이며', '독실하다'고 생각하는 이븐 리드완도 논쟁 앞에서는 악의와 격노의 현상학적 극치를 드러낼 수밖에 없었다. 이븐 리드완의 손님 중 하나가 그 문제에 관해 이븐 부틀란의 논문 중 '알라에 따르면, 그런 의견을 말하는 자(이븐 리드완과 같은 의견)는 거짓말쟁이다'라는 문구를 인용하자, 이븐 리드완은 껄껄거리며 자신과 다른 손님들 '모두가 그것 때문에 얼마나 마음껏 웃게 되었는지'를 자세히 설명했다.

논쟁은 때때로 우스꽝스럽게 흘러가기도 했다. 예를 들어, 이븐 리드완은 '이븐 부틀란에 의해 제기된 놀라운 사실들에 관한 논문'과 '이븐 부틀란이 자신의 말뿐만 아니라 다른 이들의 의견도 제대로 이해하지 못한 사실에 관한 논문'과 같은 황당한 제목의 소논문을 연달아 발표하기도 했다. 반대로, 이븐 부틀란은 이븐 리드완의 오진으로 죽은 환자들이 심판의 날에 신에게 불평하는 모습을 상상하기를 즐겼다. 또 어떤 때에는, 이 같은 반목이 잔혹한 수준의 원한관계로 악화되기도 했다. 이븐 부틀란은 이븐 리드완의 약점을 소재로 시를 하나 지었는데, 해산을 도왔던 산파가 못생긴 그의 얼굴을 보고는 아기를 산모의 배 속에 도로 집어넣고 싶었다는 내용이었다. 이에 자극을 받은 이븐 리드완은 다른 카이로의 의사들과 규합하여 자신의 숙적을 놀리고, 비웃고, 대화를 기피하도록 조종했다. 이 전술은 그 동안 불거졌던 모든 문제를 일순간에 해결하는 마지막 직격탄이 되었다.

1052년 결국 이븐 부틀란은 카이로를 떠났고, 시리아의 안티오크에 정착하여 수도자가 되었다. 맞상대였던 이븐 리드완은 치열했던 오랜 싸움 끝에 결국 승리자로 등극했다.

이븐 리드완이 환자를 돌보고 한창 숙적과 다툼을 벌이는 동안, 나흐라이 벤 니심은 이집트에서의 돈벌이가 유지되도록 맡은 바 책임을 다하고 있었다. 푸스타트와 고향 튀니지를 수년간 오가던 그는 1050년경 이집트에 정착한 뒤, 권세 있는 유대 인 가문의 푸스타트 여자와 결혼을 했다. 그 후 반세기에 걸쳐, 그는 상인 · 은행업자로서뿐만 아니라, 푸스타트 유대 인 사회의 학식 높은 지도자로서 성장하게 된다.

나흐라이는 당시 관습에 따라 아내의 두 형제가 소유한 대저택의 아파트(한 세대가 살림하는 몇 개의 방을 일컬음―옮긴이)로 이사한 뒤 아내의 가족들과 함께 생활했다. 대저택은 가운데 하늘이 훤히 내다보이는 안뜰을 에워싼 형태로 지어졌는데, 안뜰은 좋은 구경거리와 신선한 공기를 제공하는 분수를 갖춘 정원이 들어설 정도로 널찍했다. 집 안과 연결된 아치 모양의 입구는 1층 대부분을 차지하는 넓은 거실과 이어지는 게 보통이었다.

나흐라이 부부가 기거하는 아파트는 2층에 마련되었고, 각각의 방들은 2개 층에 걸쳐 배치되었다. 거실에서 조금 떨어진 곳에 위치한 여러 개의 작은 방은 부엌, 썩기 쉬운 음식을 서늘하게 보관하는 식료품 저장실 그리고 대리석 타일이 깔린 화장실로 활용되었다.

나흐라이는 매일 아침 정해진 시간이 되면 편안한 집을 나와 일터가 있는 시끌벅적한 푸스타트의 상업지구로 들어갔다. 그는 가끔씩 푸스타트에서 가장 오래된 모스크 중 하나인 아므르 모스크 근처에 위치한 다르 알 야와르, 즉 푸스타트의 보석집으로 향할 때도 있었다. 세계 각지에서 몰려든 판매자와 소비자가 다르 알 야와르의 문 안으로 들어와 금목걸이, 발찌, 팔찌, 귀걸이, 브로치 등을 활발하게 교역했다. 그외에 진주나 홍옥수, 청금석과 같은 준보석도 거래품목에 해당했다. 나흐라이는 구슬을 팔기 위해 리비아에서 온 무슬림 상인들을 도와주기 위해 그곳에 가기도 했다.

푸스타트는 지중해와 인도 사이를 오가는 상품들을 위한 종착지이자 분배 중심지로, 24시간 불빛이 꺼지지 않는 화려한 도시였다. 알렉산드리아는 이집트 최대의 항구였지만, 상업도시로서는 1등과 현격한 격차를 보이는 이류 도시에 불과했다. 최고의 상업도시는 푸스타트·카이로로, 이곳에서 대부분의 거래가 이뤄졌다. 푸스타트 항구는 화물과 승객을 내리는 부두에 불과했지만, 지중해 너머에서 온 흘수선(선체가 물에 잠기는 한계선—옮긴이)이 낮은 배도 직접 닿을 수 있었다. 비단과 구리는 스페인과 유럽 기독교 국가에서 왔으며, 말린 과일은 서남아시아에서 왔다. 푸스타트는 자체적으로 설탕을 정제하여 수출했다. 하지만 직물은 주요 교역품목에서 한참 밀려나, 이집트의 아마는 튀니지와 시칠리아에서 완성품으로 만들어진 뒤 역수입되었다. 머리

덮개에서 튜닉, 소매를 부풀린 로브, 스카프, 망토 그리고 속옷에 이르기까지, 전형적인 중산층 카이로 인들의 의상은 토착 아마와 양모뿐만 아니라 튀니지, 스페인 그리고 시칠리아에서 온 다양한 종류의 비단과 리넨으로도 만들어졌다.

나흐라이는 직물 사업에도 손을 댐으로써, 전통적으로 유대 인 상인들이 장악했던 분야까지 진출했다. 뿐만 아니라 그는 튀니지 산 비누, 아라비아 서적, 북아프리카의 펠트 그리고 다양한 종류의 음식 등 갖가지의 상품들을 교역했다. 어느 평범한 아침, 부두에서 튀니지 산 올리브유와 꿀, 시칠리아 산 치즈, 지중해 동부 해안에서 온 자두, 복숭아, 말린 살구 등을 부리는 나흐라이의 모습은 자연스럽게 상상할 수 있을 것이다. 이집트 밖으로 수출되는 화물 또한 무거웠다. 예를 들어, 달콤한 이집트 산 대추야자는 전 세계적으로 인기가 많았고, 상이집트(남부지방)의 밀은 이집트와 해외에서 우수한 품질로 이름을 떨쳤다.

푸스타트 · 카이로는 지중해에서 나일 강으로 올라오는 무수한 배들의 목적지로, 이들 간의 여행에도 위험이 따르기는 마찬가지였다. 푸스타트 · 카이로와 알렉산드리아를 오가는 5~6일간의 여정 중, 배들은 쉽게 해적들의 습격에 노출되었다. "우리는 신의 보호 아래 도적 떼들 없이 무사히 도착했습니다." 한 선원은 모든 사람들이 다 운이 좋은 것은 아니라는 사실을 재빨리 알리기 위해 그의 어머니에게 편지를 보냈다. "하지만 해적의 습격을 받은 것은 바로 우리를 앞질러가던 배였습니다"라고 그는 덧붙였다.

해적들이 잠잠해지면 그 다음 문제를 일으키는 것은 재난사고였다. 상인과 일반 시민들은 교역품이 손상되는 것을 막기 위해 다양하고 독특한 종류의 포장지를 이용했다. 가장 흔한 포장지는 튼튼한 범포였지만, 다른 재료들도 위장(관세를 피하기 위한 방편으로)과 물건 사이에 채워놓는 충전물 등으로 활용되었다. 예를 들어, 육두구 껍질을 말린 향미료 꾸러미는 암모니아 소금을 가득 채운 고리버들 바구니 속에 집어넣고, 비단 꾸러미는 밀랍 칠을 한 물건들 틈에 깊숙이 찔러넣었다. 그 다음 소포 겉면에는 적색이나 남색으로 수취인이나 발송자 또는 그 둘 다의 이름을 적었는데, 이름 앞에는 보통 '신의 가호가 있기를' 또는 '축복받기를'과 같은 상투적인 종교 문구가 덧붙여졌다. 또한 글을 읽지 못하는 짐꾼들을 위해, 상인들은 다양한 종류의 특정 문양을 사용했다. 예를 들어, 나흐라이는 주로 다윗의 별, 즉 두 삼각형을 교차시킨 별 모양을 소포 겉면에 찍어놓았다.

화물의 안전에 대한 걱정과 더불어, 나흐라이는 나일 강의 계절적 수위 변화 때문에 골머리를 앓았다. 여름 농작물을 재배하는 농부들은 낮은 수위를 전하는 소식을 접할 때마다 공포에 떨었으며, 그럴 경우 범람시 보유했던 강물을 이용할 수 있도록 관개 시설이 필요했다. 강의 범람은 식량 공급과 가격 그리고 이집트 전체 경제를 좌지우지했다. 1060년 나흐라이는 알렉산드리아에 있는 사업 동료에게 다음과 같은 편지를 썼다. "도시 전체가 완전히 멈춰 있네. 사람들 눈은 모두 나일 강을 향해 있어. 하나님의 자비로 어서 강물이 불어나길 바랄 뿐이네." 그러나 낮은 수위도 심각한 문제였지만, 홍수로 인한 범람

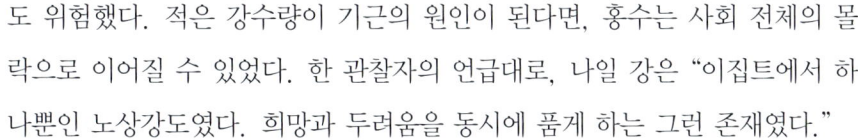

터번을 두른 아랍 승객과 인도인으로 짐작되는 선원을 실은 배가 이슬람 부두를 향해 항해 중이다. 무슬림 상인들은 정기적으로 지중해에서 인도양 그리고 중국해로 이어지는 해상 무역로를 종횡무진 누비며 세계 유명 지역을 찾아다녔다.

도 위험했다. 적은 강수량이 기근의 원인이 된다면, 홍수는 사회 전체의 몰락으로 이어질 수 있었다. 한 관찰자의 언급대로, 나일 강은 "이집트에서 하나뿐인 노상강도였다. 희망과 두려움을 동시에 품게 하는 그런 존재였다."

이집트 인들은 필요한 곳에 귀한 물을 운반하기 위해 수세기에 걸쳐 관개 수로 시설을 건설했고, 정부의 가장 성스런 책임 중 하나는 이들 수로를 관리하는 것이었다. 그리고 나일 강의 강물을 막고 있는, 흙댐의 수문 의식이 해마다 이루어졌다. 다음은 나흐라이가 이집트로 이주하기 3년 전에 벌어졌던 의식행사에서 젊은 칼리프 알 무스탄시르가 행렬에 나섰던 장면을 묘사한 부분이다. 선두에는 나팔수와 고수들의 무리가 이어졌고, 그 뒤로 1만여 명의 남자들이 보석 세공된 굴레와 황금 안장을 매단 1만여 필의 말을 끌고 나왔다. 잠시 숨을 돌릴 정도의 시간이 지나자 소박한 흰색 리넨 카프탄(터키 사람 등이 입는 소매가 긴 옷-옮긴이)에 터번을 두른 칼리프가 장식 하나 없는 평범한 안장과 굴레를 매단 노새를 타고 나타났다. 뒤편으로는 고관, 학자, 관리 그리고 왕족들의 행렬이 길게 이어졌다. 칼리프가 지나가자, 거리에 길게 늘어선 구경꾼들이 바닥에 엎드린 뒤 큰 소리로 은총을 구했다. 칼리프는 수로의 입구에 다다르자마자 그 즉시 댐을 향해 창을 던졌다. 그러자 신호를 대기하고 있던 일꾼들이 일제히 곡괭이와 호미, 가래 등을 든 채 댐을 무너뜨리기 위해 나섰다. 마침내 강물이 수로로 흘러들어가자, 사람들은 풍작을 기대하며 안도의 한숨을 내쉬었다.

나일 강은 농사를 짓는 데 없어서는 안 될 존재이면서, 또한 카이로와 알렉산드리아 사이를 오가는 우편물들의 대표적인 비공식 경로이기도 했다. 업무 관련 또는 사적인 편지를 발송하고 싶을 때, 나흐라이는 전문적인 육로 우편을 이용하거나 두 도시를 정기적으로 여행하는 동료나 친구, 그외의 여행자들에게 의지했다. "자네에게 또 소식을 전하네. 먼저 일전에 바루크 편에 서너 통의 편지를 보냈는데, 잘 받아보았는지 궁금하군." 이처럼 알렉산

147

| 이슬람의 서체 예술 |

이슬람 세계에서 서예가는 예술가로서 최고의 지위를 누렸다. 붓은 신이 창조한 최초의 물건으로 알려졌고, 아랍 어는 신의 말씀을 담고 있는 〈쿠란〉의 표현 및 전달수단으로서 신성하게 여겨졌다.

전문 필경자들은 주로 〈쿠란〉의 필사본을 만드는 데 몰두했다. 하지만 그에 못지않게 정부 문서를 작성하고 도서관에 소장될 책들을 베끼며, 모스크, 광탑, 궁전 그리고 무덤을 명각으로 장식하는 등 다양한 분야에서 폭넓게 활동했다.

야심 많은 서예가는 대단한 서법을 습득하기 위해 스승 밑으로 들어가 수년간 가르침을 받았다. 견습생들은 완벽하고 균형 잡힌 글자를 창조하기 위해 쉬지 않고 종이를 넘기며 서체 연습에 몰입했다. 스승과 견습생은 세련되고 고전적인 아랍 어 서체 여섯 가지 중 두세 가지만을 전문적으로 다뤘으

필경자가 무릎에 종이를 받친 채 쭈그리고 앉아 서법 안내서의 설명을 보며 글씨를 쓰고 있다. 아랍 어는 대소문자의 구분 없이 오른쪽에서 왼쪽 방향으로 쓴다. 글자는 흘림체로 서체에 따라 원형이나 각진 모양을 이룬다.

며, 보통 최고의 대가만이 그 여섯 서체에 정통했다.

견습생들은 또한 인디고(남색 염료), 헤너, 숯 그리고 아라비아 고무를 이용해 잉크 만드는 법을 배웠다. 스승은 종이는 돌이나 마노(석영의 한 가지로, 흰빛이나 붉은 빛이 남-옮긴이)로 부드럽게 편 뒤 가늘게 선을 그어 준비하도록 가르쳤다. 스승이 제자에게 전수하는 가장 위대한 비밀은 붓촉으로 쓰일 갈대를 자르는 기술이었다. 그렇게 붓은 매우 귀중한 것으로 여겨졌기 때문에, 서예가들은 소장하던 최고의 붓과 함께 묻히기도 하고, 가장 아끼던 것을 다음 세대에 물려주기도 했다.

그림보다는 명각을 통해 이 카드가 폴로 스틱 패(과거에는 다이아몬드나 스페이드 마크 대신 폴로 경기에 쓰이는 스틱, 칼, 컵 등이 사용됨)의 킹 카드라는 것을 알 수 있다. 살아 있는 존재에 대한 초상화를 반대하는 종교적 금기는 예술 분야에서 서예의 사용을 독려했다.

대부분의 서예가들은 갈대로 만든 붓을 금속 상자에 담아 보관했다. 왼쪽의 금속 상자는 흔히 볼 수 없는 최고로 우아한 형태이며, 둥근 용기 안에는 잉크와 얼룩을 지울 때 사용하는 모래가 담겨 있다.

푸스타트·카이로의 유대 인 아동들을 위한 10세기 글자 교본서. 아이들은 윤곽으로 표시된 글자에 색을 칠하는 방법으로 헤브라이 어를 배웠다. 이 책은 신의 이름이 거론된 문서는 무조건 보존했던 중세 유대 인의 관습 덕택에 살아남았는데, 이러한 전통은 헤브라이 어로 기록된 것들까지 포함할 정도로 확대될 때도 있었다.

드리아에 사는 친척이 나흐라이에게 보낸 편지에는 서로의 친구이자 편지를 부탁받은 사람의 이름이 언급되었다.

　나흐라이는 비록 유대 인의 피가 흘렀지만, 무슬림과도 다툼 없이 사이좋게 일했다. 사실 무슬림과 유대 인 간의 사업 제휴는 11세기 카이로에서는 빈번한 일이었다. 유대 인 사업가가 무슬림 대리인과 중개인에 의지하는 경우가 허다했고, 그 반대의 경우도 마찬가지였다. 무슬림과 유대 인을 고용한 유대 인 비단 직조공 가게는 이슬람의 성일(聖日)인 금요일과 유대 교의 안식일인 토요일에 상관없이 문을 열 수 있었다. 왜냐하면 종업원들끼리 쉬는 날이 달라 각기 다른 날에 출근할 수 있었기 때문이다. 그리고 금요일에 벌어들인 수입은 유대 인 동료에게, 토요일에 벌어들인 수입은 무슬림 동료에게 돌려주기로 사업 파트너들끼리 합의한 가게도 있었다고 한다.

　이슬람 국가에서 유대 인이 되는 것은 일정한 제약이 뒤따르는 일이었다. 예를 들어, 나흐라이는 해마다 인두세를 바쳤고, 납세 이행을 증명하기 위해 늘 확인 증명서를 소지하고 다녀야 했다. 그러나 푸스타트·카이로에 자리한 유대 인 사회는 활기가 넘쳤고, 나흐라이는 카이로의 유대 회당 두 곳의 사무를 관장하며 그곳에서 의욕적인 활동을 펼쳐나갔다.

의심할 여지 없이 50년 뒤, 이 튀니지 출신의 이민자는 새로운 고향에 단단히 뿌리를 내렸다. 이러한 발전상은 인생 말년에 나흐라이가 카이로에 사는 사촌으로부터 받은 다음의 편지에서 분명히 알 수 있다. 그는 "신이 우리의 와탄으로부터 자네와 나를 갈라놓지 않길 바라"라는 소망의 글을 남겼다. 와탄은 아랍 어로 한 사람의 가문이 처음 발원한 지역을 가리키는 말이다. 그러나 점차 이동사회로 변해가던 나흐라이 시대의 이슬람 사회에서, 와탄은 스스로 선택한 도시를 의미하게 되었고, 그것은 나흐라이 벤 니심의 경우에도 적절하게 적용되었다.

"신이 우리의 와탄으로부터
자네와 나를 갈라놓지 않길 바라며."

나흐라이보다 3세기 뒤의 인물이면서 같은 튀니지 출신인 이븐 할둔(저명한 이슬람의 정치가, 역사가, 법학자)이 이집트에 도착했을 때, 푸스타트·카이로는 한바탕 변화를 겪은 뒤였다. 통치세력이던 파티마 왕조는 사라졌고, 새로운 정권인 맘루크 국이 통치권을 행사하고 있었다. 과거 파티마 왕실의 상류층 거주지로 제한되었던 일부 푸스타트·카이로 지역은 변화한 상업 및 주거 중심지로 변모했다. 그리고 카이로의 인구는 20만 명 정도로 치솟았는데, 이는 당시 인구 8만의 파리와 6만의 런던과 비교해봤을 때 가히 놀랄 만한 수치이다. 유럽의 도시들 중 카이로보다 인구가 많은 곳은 콘스탄티노플 한 곳밖에 없었다.

수많은 인상적인 건물들이 카이로 전역에 즐비했다. 남녀 병실이 따로 구분된 대형병원에서는 매일 4,000여 명의 환자들이 진료를 받았고, 입원한 환자들에게는 나무 침대, 리넨, 요강 그리고 깨끗이 세탁된 환자복이 제공되었다. 병원 근방에는 대형 모스크인 알 아즈하르와 알 하킴이 자리했고, 그 주위에는 의식 광장과 더불어 막료들을 위한 궁전과 정원이 펼쳐졌다. 이븐 할둔은 카이로에 정착하기 전부터 이 도시를 '세계의 어머니, 이슬람의 중심지, 과학과 기술의 발상지'라고 단언했다.

이집트의 지배로부터 독립한 튀니지에서 태어난 이븐 할둔은 이미 10대 때 정계 및 공직 세계에 입문했다. 그는 다양한 궁정의 일들을 경험했으며, 왕실 안에서 벌어지는 권력 암투극에도 휘말리지 않고 무사히 고비들을 넘겼다. 그래서 1382년 이집트로 이주할 당시, 정치가와 역사가로서 상당한 명성과 영향력을 지녔음에도 불구하고 이 50세의 늙은 튀니지 인은 정계를 은퇴하고 싶은 마음이 간절했다. 하지만 그런 그의 의지와는 상관없이 곧장 이집트 맘루크 국의 군주인 술탄(아랍 어로 권력을 뜻함)의 주목을 받게 되었다. 그리고 술탄 바르쿠크와 이븐 할둔은 술탄의 남은 여생 동안 함께 우정을 계속 쌓아나가게 된다.

카이로에 도착하자마자 이븐 할둔은 유명한 알 아즈하르 모스크에서 학자와 궁정 관리들을 대상으로 강의해줄 것을 부탁받았다. 이븐 할둔의 학식과 뛰어난 화술에 크게 감명받은 술탄 바르쿠크는 1384년 그를 캄히야 마드라사(신학을 가르치는 고급 교육기관)의 법률학 교수로 임명했다.

타국에서 갓 이주해왔는데도 이븐 할둔은 카이로의 지식인들 사이에서 부러움을 살 만한 자리에 올랐을 뿐만 아니라, 규모가 큰 무슬림 지역사회의 신학교육도 책임지게 되었다. 이슬람 관습에 따라, 이 고급학문의 과정은 모든 무슬림들에게 열려 있었다. 한 학자는 "마드라사의 문을 잠그는 것은 대중들을 내쫓는 것이다. 늘 문을 열어놓고 신의 창조물들이 마음대로 드나들 수 있도록 해라. 그곳은 모스크와 같다"고 기록했다. 마드라사에서의 교육은 기본적으로 일정한 형식 없이 구술로 진행되었으며, 안뜰 주변에 정렬된 방에서 이루어졌다. 고전적인 이슬람 방식에 따라, 학생들은 스승이 암송하는 〈쿠란〉의 구절들을 받아 적은 뒤 경전의 문구 대부분을 암기하는 일에 전념했다.

이 당시에는 남성들뿐만 아니라 여성들도 교육을 받기 시작했는데, 그중 〈하디스〉(예언자 무함마드의 언행록)를 배우기 위해 마드라사에 입교한 움므 하니는 후에 여성학자로 성장하여 이슬람 여성사에서 독보적인 존재로 기록되었다. 그녀의 〈하디스〉교육은 그녀의 외할아버지와 13명의 다른 스승들의 지도 아래 조심스럽게 이루어졌다. 그녀는 전 생애에 걸쳐 두 번의 결혼을 했고, 7명의 자식을 낳았으며, 남편들은 모두 그녀보다 일찍 세상을 떠났다. 두 번째 남편이 죽자, 움므 하니는 물려받은 막대한 유산으로 거대한 방직공장을 사들이고, 학자와 선생으로서의 일들을 보전하는 데 사용했다. 1466년 사망하기 전까지, 그녀는 메카 순례를 13번이나 단행했으며, 종종 여러 달 그곳에 머물면서 가르치는 일도 병행했다.

움므 하니가 〈하디스〉공부를 시작하던 바로 그 무렵, 이븐 할둔은 술탄 바르쿠크의 총애를 받으며 더 높은 명성을 쌓아가고 있었다. 1384년 8월, 캄히야 마드라사의 교수로 취임하던 그해, 그는 카디, 즉 이슬람 판사의 '영예로운 관복'을 입고 4대 법학파 중 하나인 말리키 파의 수석 카디 직에 올랐다.

술탄의 궁전 안 널따란 접견실에서 이루어진 관직 수여식 내내, 바르쿠크는 무더운 여름 평상복인 흰색 튜닉에 하얀 터번을 두르고 있었을 것이다. 이븐 할둔은 이제 카디의 제복인 영예로운 관복, 즉 흰색 양모에 녹색 안감을 덧댄 로브를 걸치게 될 터였다. 수여식 내내, 이븐 할둔은 학문의 길을 포기하고 맘루크 국의 사법계를 총지휘할 권력자가 되어 원치 않았던 공직계에 다시 발을 디디게 된 것을 후회하며 괴로워했을지도 모른다.

맘루크 국은 어릴 적부터 군사훈련을 받고 자란 투르크 계 노예 출신들이 세운 군사정권이었다. 그들은 1250년 카이로에서 일으킨 쿠데타의 성공으로 이집트의 통치세력으로 등장했고, 1260년에는 팔레스타인의 아인 잘루트에서 이집트로 진군하는 투르크 족을 격퇴하는 쾌거를 이룩했다. 승리에 도취한 맘루크 정권은 일련의 군사 원정의 성공을 통해 이집트를 최고의 무슬림 권력이자 현존하는 아랍 문화의 중심지임을 재확인시켰다. 맘루크 국은 하급군사 및 관료에서 국가 내 최고 수장인 술탄까지 엄격한 수직체계의 관료제가 특징이었다. 그리고 신분상승과 출세는 이븐 할둔의 경우

처럼 대부분 술탄의 총애를 받느냐 못 받느냐에 달려 있었다.

여느 이슬람 국가와 마찬가지로 맘루크 국의 무슬림들도 신과 인간의 관계 그리고 인간과 인간의 관계를 규정한 샤리아(이슬람 법)를 따르고 있었다. 〈쿠란〉, 예언자의 언행을 수록한 〈하디스〉 그리고 법학자의 논리적 추론을 기초로 삼은 샤리아는 인간의 모든 활동을 5개의 범주로 나누어 설명했다. 즉, 인간의 행위는 의무적인 행위, 칭찬할 만한 행위, 중요하지 않은 행위, 비난받을 행위 그리고 금지된 행위 중 하나에 속한다는 것이다. 샤리아는 4개의 법 해석학파로 발전했는데, 여기에는 하나피 파, 말리키 파, 샤피이 파 그리고 한발리 파가 있다. 앞의 세

남학생들이 회초리를 들고 있는 선생과 학교를 방문한 어른 앞에서 시를 암송하고 있다. 그들은 아랍어 쓰는 법을 배우고 〈쿠란〉을 암송하는 과정을 마치면 카이로의 알 아즈하르 모스크(오른쪽)와 같은 고등 교육기관으로 진급했다. 그곳에는 2개의 마드라사(이슬람 법을 중점적으로 공부하는 대학)와 유명한 학자들과 문하생들로 구성된 여러 학사들이 자리했다.

13세기 아랍 여행집에 실린 삽화로, 낙타 위의 여행객들이
마을 사람들에게 인사하고 있다. 중세의 아랍 무역업자들은
세계 곳곳을 여행했다.

| 먼 곳으로의 여행 |

630년의 첫 메카 순례 이후 무슬림들의 장거리 여행은 물꼬가 트이기 시작했다. 1300년대, 이슬람 제국은 서쪽으로는 스페인과 모로코, 동쪽으로는 수마트라 섬까지 확장되었고, 이 방대한 영토를 무슬림 사절단과 무역업자, 순례자와 모험가들은 유례없이 누비고 다녔다.

다르 알 이슬람, 즉 이슬람의 영역으로 알려진 방대한 띠 모양의 땅은 국경 없이 하나의 제국으로 통일되었다. 상업은 활기를 띠었고, 모험가와 상인 그리고 운송업자들은 로마 시대 이래 알려지지 않은 나라로 자유롭게 여행을 떠났다. 그리고 이 세계를 탐구하는 일에 매료된 모로코 출신의 법률학자인 젊은 아랍 인이 있었으니, 그의 이름은 바로 아부 압달라흐 이븐 바투타였다.

탕헤르 출신의 이븐 바투타는 21세가 되던 1325년, 무슬림의 의무를 다하기 위해 메카 순례를 떠났고, 그것이 그의 여행의 시발점이 되었다. 그는 여행 도중 북아프리카, 이집트, 팔레스타인 그리고 시리아를 차례로 방문했고, 그 결과 성스러운 도시는 1년 6개월 후에야 도착할 수 있었다. 사실 그는 고국으로 돌아가기까지 25년의 세월이 걸렸다. 메카 순례를 마친 그는 이라크와 페르시아로 여행을 떠났고, 거기서 다시 인도—그곳 술탄의 총애로 델리의 카디 직을 역임함—로 향한 뒤 결국 남중국에 이르렀다.

14세기 아랍 인 여행가인 이븐 바투타가 방문한 수많은 나라들을 보여주는 중세 시대의 세계지도. 놀랄 것도 없이, 지중해와 북아프리카 그리고 중국과 연결된 무역로들은 서아프리카, 서유럽, 인도 또는 동남 아시아보다 더 정확하게 묘사되었다.

그는 불혹의 나이에 고향으로 돌아갔고, 그곳에서 자신의 여행담을 엮어 기행문으로 출간했다. 그는 "나는 나의 꿈이었던 세계일주를 생전에 이룩했다"고 단언했다. 이븐 바투타는 유라시아 대륙 전체를 횡단했고, 1만 1,750km에 이르는 거리를 여행했으며, 오늘날 44개국에 해당하는 영토를 방문했다. 1368년 그는 자신의 출생지로부터 240km 정도 떨어진 모로코의 수도 페즈에서 사망했다.

학파는 가장 중요한 문제에 대해 공통적인 생각을 갖고 있는 반면, 한발리 파는 나머지 학파들의 주장을 사변적 변혁이라 몰아붙이며 반대했다.

맘루크 정권에 의해 임명된 4명의 수석 카디들은 주로 핵심적인 종교 관련 법률들을 결정했다. 다른 수석 카디들처럼, 이븐 할둔 역시 말리키 파의 수석 카디로서 직분을 수행함과 동시에 일반 시민들의 생활에 영향을 미치는 법률에도 관심을 쏟았다. 현재 남아 있는 법정 기록물들이 거의 없기 때문에, 다음의 특이한 판례는 주목을 끌기에 충분했다.

젊고 아름다운 여성이 하나피 파의 수석 카디인 후삼 알 딘 알 구리를 찾아왔다. 자신의 아버지까지 대동하고 나선 이 여자는 남편이 결혼 전 약속했던 옷과 용돈 지급에 관한 의무를 성실히 이행하지 않는다며 불평을 털어놓았다. 계약에 따르면, 그녀의 남편은 해마다 그녀에게 1디나르를 지불해야 했다. 카디는 여자에게 얼굴을 볼 수 있도록 베일을 내릴 것을 명령했다. 확인 작업을 끝내자마자 그는 아주 적은 액수에 딸의 결혼을 허락한 그녀의 아버지를 향해 호통을 쳤고, 그녀의 남편을 계속 거론하며 바보 같은 놈이라고 혀를 찼다. 카디는 이 여자는 1년에 1디나르가 아닌 매일 밤 7디나르 이상을 받을 만큼의 가치가 있다는 판결을 내렸다.

세속적인 일면을 많이 담고 있는 이 일례를 통해 카디로서의 이븐 할둔을 평가하는 것은 옳지 않다. 실제로, 그는 높은 수준의 이상주의에 입각하여 일을 시작했고, 임기 내내 카이로 시민들을 보호하는 데 헌신했다. 예를 들어, 그는 다른 카디들이 선호하는 고급 법복과 터번으로 갈아입지 않고, 고국 튀니지에 있을 때부터 입고 다니던, 버누스로 알려진 두건 달린 망토를 계속 고집했다. 그는 부패사건이나 뇌물 수수와 관련된 일에 전혀 가담하지 않았을 뿐만 아니라, 카디로서 응당 취할 수 있는 명예와 특권도 거절했다. 이븐 할둔은 "나는 하나님의 법을 공명정대하게 그리고 권력과 지위에 상관없이 적용했다. 늘 상대편의 입장에서 생각했고, 약자들의 권리회복에 관심을 가졌으며, 사건의 진실을 파악하고 정의를 언도하려고 노력했다"고 서술했다.

"당신은 아직도 내게 보여줄 관용이 남아 있습니까?"

그러나 이븐 할둔의 법 적용 방식은 특히 법정 안에서 벌어지는 카디의 직권남용으로 반대 세력들로부터 심한 반발을 샀다. 반면, 비서와 공증인 등 함께 일하는 사람들은 좀더 직접적인 이유로 그에게 불만을 품었다. 그것은 '목이 빨개질 때까지 창으로 찌르기'처럼 그가 언도하는 처벌 내용과 관련된 것들이었다. 한 동료는 "이븐 할둔은 지나치게 엄격했다"고 한마디로 일축했다.

술탄 바르쿠크 시대의 카이로에서 법과 명령의 문제는 간단히 웃고 넘길 문제가 아니었다. 예를 들어, 춘분에 새해를 축하하는 축제인 나우루즈는 종종 폭력과 무질서의 형태로 분출되었다. 카이로 시민들의 난폭함에 겁을 먹은 바르쿠크는 1385년 일련의 축하 행사들을 모두 폐지했다. 그리고 관리들은 술탄의 명령을 무시하고 주연을 베푼 사람들을 모두 체포한 뒤 곤봉으로 사정없이 패거나 손목을 잘라버렸다. 죄질이 최고로 나쁜 사람들은 좀더 가혹한 형벌인 교수형에 처해지기도 했다.

수석 카디에 취임하고 1년이 지났을 무렵, 이븐 할둔은 가족을 잃는 슬픔을 맞이하게 되었다. 1382년 이집트로 이주했을 당시, 그는 튀니지에 아내와 5명의 딸을 두고 왔다. 이제 한 가정으로 합칠 때라고 결정한 그는 술탄 바르쿠크를 설득하여 그의 가족들이 카이로로 이주해 살 수 있도록 자신을 대신해 튀니지의 술탄과 조율 작업을 해달라고 부탁했다. "이븐 할둔은 카이로에 도착한 후에도 전하를 늘 칭송했다"는 바르쿠크의 칭찬에 기분이 우쭐해진 튀니지의 술탄은 그의 요청을 받아주었다. 그러나 이븐 할둔이 가족들과 재결합하는 일은 끝내 벌어지지 않았다. 아내와 딸을 싣고 이집트로 향하던 배가 거센 폭풍우에 침몰하여 모두 익사하는 사고가 벌어진 것이었다. 비탄에 잠긴 이븐 할둔은 상실감을 회복할 길이 없었다. 1385년 6월 17일, 절망감을 떨치지 못한 채 정적들이 벌이는 권력암투에 염증을 느낀 이븐 할둔은 결국 카디 직을 사임하고 말았다.

그러나 이븐 할둔의 공직생활은 아직 끝나지 않았다. 그는 1387년 후반 카이로의 또 다른 마드라사에서 〈하디스〉를 가르치는 최초의 교수로 임명되었을 뿐만 아니라 2년 뒤에는 술탄 바르쿠크에 의해 또다시 수피즘 수

도승들이 운영하는 카이로의 수피 숙소인 바이바르시야 칸카(셰이크가 거주하면서 문하생들을 가르치는 곳-옮긴이)의 감독 및 관리자로 결정되었다.

수피즘은 좀더 관례적인 무슬림 신앙에 신비주의를 결합한 형태로, 전통적인 이슬람과는 다소 다른 종교 논리를 표방했다. 그러나 수피들은 이슬람의 메시지를 전달하는 데 중요한 역할을 했다. 그들의 설교는 대중들로부터 많은 인기를 누렸고, 전통적인 〈쿠란〉 연구 학자들이 도달할 수 없는 먼 오지 또는 변경지역에까지 파급되었다. 수피들의 숙소인 칸카는 수피 신봉자를 원조하는 기관으로, 수피들에게 숙박과 식사 그리고 일정액의 봉급이 제공되었다. 수피 사회의 영적 및 학식 높은 지도자인 셰이크는 은자의 세계인 칸카와 수피즘에 빠져 있는 일반 숭배자들을 이어주는 중요한 연결고리가 되었다. 원칙적으로 학생들을 공개 모집하는 일은 거의 없었다. 문하생들이 스스로 셰이크를 찾아왔고, 스승이 사망한 뒤에는 스승의 칸카에서 후대의 전수자들에게 지식을 전달하는 것이 관행이었다. 셰이크의 지도 아래 가르침을 받는 제자들은 샤리아에 반하는 것이라 하더라도 그의 명령에 무조건 복종해야 했다. 한 권위서에 따르면, "문하생들은 염을 하는 장의사의 손에 맡겨진 송장처럼 행동해야 했다"고 한다.

바이바르시야 칸카의 감독관으로 임명된 사실에서도 확인되었듯이, 이븐 할둔은 수석 카디 직을 사임했는데도 술탄의 총애와 지지를 계속 독차지했다. 그러나 이 같은 상황은, 1389년 이븐 할둔이 그의 왕실보호자이자 은인인 술탄을 반대하는 법 개정에 연루됨으로써 완전히 역전되었다. 그것은 당시 이집트에서 일어난 쿠데타로, 바르쿠크가 옥좌에서 물러날 위기에 몰렸으며, 술탄을 반대하는 법령, 즉 파트와(공식적인 법적 견해)를 승인하기 위해 이븐 할둔과 수많은 관리들이 소환당한 뒤에 벌어진 일이었다. 아마도 이븐 할둔은 반란군 지도자들의 협박 아래 그 법령에 서명했을 것이다. 하지만 3개월 후 반란은 진압되었고, 통치권은 다시 술탄에게로 넘어왔다. 총애하던 신

| 이슬람 세계의 인쇄술 |

중세 이슬람 세계의 인쇄술은 바누 사산(Banu Sasan)이라는 예상 외의 집단에 의해 개발되었다. 그들은 도둑, 도시의 부랑아 그리고 잘 믿고 잘 속는 이집트 시민들에게 사기를 치려는 사람들로 구성되었다. 대부분의 이집트 인들은 악귀를 물리치고 행운을 얻기 위해 〈쿠란〉의 문구가 새겨진 부적을 지니고 다녔는데, 이 부적들은 무슬림 성직자들이 정성스럽게 베껴놓은 것들이었다. 바누 사산은 경전의 구절들을 대량으로 생산한 뒤 직접 필사한 것처럼 팔기로 결심했다. 그런 일련의 과정 속에서, 그들은 동아시아를 제외한 그 어느 곳에서도 알려지지 않은 인쇄방법을 개발

바누 사산의 일원이 시리아 총독 앞에 출석한 모습을 묘사한 13세기 세밀화. 불미스런 명성에도 불구하고, 바누 사산은 재담꾼과 여흥꾼으로서 궁궐에서 많은 인기를 누렸다.

하게 되었다.

　무리의 일원으로 합류한 조각가들은 날카로운 첨필을 이용해 덜 마른 점토판에 〈쿠란〉의 문구들을 미세하게 새겼다. 완성된 점토판은 화로에 굽거나 햇볕에 말렸다. 마른 점토판 위에 녹인 쇳물을 부으면 양각된 글자판이 탄생했다. 그 다음 글자판에 잉크칠을 하고 가로 5cm, 세로 14cm의 종이 한 장을 살며시 누르면 작업은 끝이 났다. 완성된 인쇄본은 점토나 주석으로 만든 작은 용기에 담은 뒤 긴 줄에 엮어 목에 걸고 다녔다.

　특이하게도, 중세 이슬람에서 알려진 인쇄술의 용도는 바누 사산에 의한 부적 생산이 전부였다. 14세기 때 부적 사업이 사라지자—아마도 종교기관의 탄압에 의해—이슬람 세계의 인쇄술도 막을 내렸다. 그후 서양의 인쇄술이 수입되고 18세기 초 이스탄불에 인쇄소가 설립되면서, 중동의 인쇄문화는 다시 활기를 띠기 시작했다.

바누 사산의 일원들은 목판이나 철판으로 대량생산한 부적 두루마리를 붓과 잉크로 필사한 원본이라고 속여 팔았다. 옆의 부적은 빼곡이 적은 〈쿠란〉의 문구들과 함께 장식 목판화로 치장되었다.

하의 배은망덕한 행위에 몹시 분개한 바르쿠크는 즉시 바이바르시야 칸카에 있는 이븐 할둔을 해고했다.

애당초 이런 불명예스러운 이유로 공직을 은퇴할 생각은 아니었지만, 아무튼 이븐 할둔은 자신의 소원을 이룬 셈이 되었다. 이제 자유롭게 학문을 연구하고 저술에만 매진할 수 있는 기회가 그에게 열린 것이었다. 이런 유유자적한 삶은 10년 가까이 지속되었다. 1399년 5월, 관대한 술탄 바르쿠크는 다시 한 번 그에게 호의를 베풀며 말리키 파의 수석 카디로 재차 임명했다. 1개월 후 바르쿠크는 세상을 떠났지만, 그의 어린 아들이자 새로운 술탄인 파라즈는 선친의 유지를 받들어 이븐 할둔을 그대로 존속시켰다.

그러나 파라즈는 강직한 통치자가 아니었다. 이븐 할둔을 비판하는 일부 관리들의 등쌀에 못 이겨 그는 1400년 9월 이 노쇠한 재판관을 카디 직에서 해임시켰다. 하지만 곧바로 그는 술탄 파라즈의 명령에 따라 또 다른 임무를 맡게 된다. 중앙 아시아의 위대한 투르크 계 정복자인 티무르(종종 몽골 인으로 잘못 알려짐)는 최근 알레포를 점령한 뒤 도시 전체를 파괴했다. 이제 그는 다마스쿠스를 탈취하는 것만 남았고, 심지어 카이로를 위협할 상황도 머지않은 듯 보였다. 술탄 파라즈는 명성 높은 이븐 할둔만 설득하면 티무르도 쉽게 자신의 뜻을 접으리라 생각했다. 이븐 할둔도 술탄과 왕실 무리를 대동하고 중재의 길에 나서기로 했다.

그러나 그 계획은 수포로 돌아갔다. 본국으로부터 쿠데타 소식을 전해들은 파라즈가 이븐 할둔을 교묘하게 시리아에 버려두고 카이로로 회군했던 것이다. 그러나 이븐 할둔은 혼자서도 티무르와 휴전에 관한 세부사항을 협상할 수 있다고 확신했다. 결국 그는 1401년 1월 초 다마스쿠스에 도착했다. 이 70세의 외교관은 도시 성벽 밖에서 투르크 관리들의 환대를 받은 뒤 티무르가 머무는 숙영지로 들어가 위대한 지도자를 알현했다. 이븐 할둔에 따르면, 티무르가 "팔꿈치를 괴고 누워 있는 동안, 그 앞으로 음식이 담긴 큰 접시들이 연이어 들어왔다"고 한다.

"당신에게 평화가 깃들길."

이븐 할둔이 먼저 입을 열어 티무르에게 인사말을 건넸다. 그러자 티무르는 고개를 들어 손을 뻗었고, 존경의 표시로 이븐 할둔의 손등에 입맞춤을 했다. 티무르의 손짓대로 이븐 할둔이 자리에 앉자, 마카로니가 섞인 수프, 리쉬타를 담은 접시들이 안으로 들어왔다. "티무르는 내 앞에 음식을 내려놓으라고 신호를 보냈다. 나는 일어나 음식을 받아든 뒤 마셨으며, 흡족해하는 내 표정에 그는 호감을 느꼈다"고 이븐 할둔은 후에 회고했다.

언어소통의 어려움으로 인해 통역관에 의지해야 하는 불편함이 있긴 했지만, 티무르와 이븐 할둔은 대단히 이야기가 잘 통했다. 실제로, 이 방문객은 티무르에게 좋은 인상을 남겼던 것으로 보인다. 이븐 할둔은 1개월 이상 머물면서 티무르를 보필했고, 적의 협의회에도 참관했다. 뿐만 아니라 이 부자연스러운 한 쌍은 이븐 할둔의 마그리브 혈통, 알렉산더 대왕과 신바빌로니아의 네부카드네자르 왕 그리고 다른 위대한 역사적 위인들의 역할에 관해 토론하고, 그 당시 왕조 및 제국들의 운명을 예견하는 의견들을 서로 교환했다.

마침내 티무르가 이븐 할둔에게 카이로로 돌아갈 것인지 의사를 물었다. 늘 기회를 이용할 준비가 되어 있던 이븐 할둔은 다소 애매모호한 대답을 남겼다.

"알라의 도움이 있기를! 사실, 내 소원은 당신을 모시는 것뿐입니다. 왜냐하면 당신은 내게 피난처를 제공하고 안전을 보장해주셨으니까요. 귀국길에 오르는 것이 당신을 위한 일이라면 그렇게 하겠습니다. 만약 그렇지 않다면, 나는 그걸 꿈꾸지도 않겠습니다."

티무르는 아무런 조건 없이 다음과 같이 대답했다.

"아니오. 당신은 가족들과 친구들 곁으로 돌아가야 하오."

이븐 할둔은 막상 떠나려고 하니 감정이 복받쳐올랐다.

"당신은 아직도 내게 보여줄 관용이 남아 있습니까?" 그는 떠나기 직전 티무르에게 그렇게 물었다. "당신은 내게 호의를 베풀었고, 나를 측근 가신들로 가득한 협의회의 일원으로 삼았으며, 친절과 관용을 보여주었습니다. 알라께서 당신에게도 똑같은 은혜를 베풀어주시길 기원합니다."

시나이 반도의 황야지대를 가로지르는 귀국길은 위험이 뒤따르는 고된 여행이었다. 하지만 이븐 할둔은 1401년 3월 17일 무사히 카이로에 당도했다. 그가, 티무르에게 함락당한 다마스쿠스의 시민들의 사면을 보증하기 위해 어느 정도 설득력을 발휘했는지 역사적으로 밝혀진 바는 없다. 뿐만 아니라 그가 티무르의 침략 야욕으로부터 카이로를 살려냈는지 단언하기도 힘들다. 하지만 다마스쿠스 정복에 성공한 티무르와 그의 군대가 남쪽 이집트를 포기하고 북쪽 아나톨리아로 방향을 바꾼 것만은 사실이다. 이븐 할둔이 선택한 도시는, 그가 스스로 표현했던 대로 '우주의 대도시, 세계의 정원'으로 남아 있게 되었다. 티무르도 이븐 할둔의 올바른 도시를 제대로 이해할 줄 아는 감각을 지녔던 셈이다. 이븐 리드완에게도 그랬고 나흐라이 벤 니심에게도 그랬던 것처럼, 카이로는 이제 이븐 할둔의 와탄, 즉 고향이 되었다.

맘루크 국의 궁수를 태운 뗏목 모양의
이 가죽 그림자 인형은 흰 장막 뒤에서
조명을 받으며 움직였을 것이다. 대부분
의 그림자 인형극은 재치 있는 말장난이
특징인 저급한 희극으로, 중세시대 때
궁정 및 노동자 계급이 향유했다.

사마르칸트의 티무르

ESSAY _ 3

14세기가 저물어갈 무렵, 이슬람 세계는 또다시 중앙 아시아로부터 침략 위협에 직면했다. 200년 전 칭기즈 칸의 몽골 군대처럼, 말과 가죽옷으로 무장한 대규모 군대가 지축을 울리며 남쪽으로 질주하여 델리와 다마스쿠스에 이르는 지역을 정복하고 약탈한 뒤 폐허로 만들었다. 위대한 칸의 직계 자손이라는 주장과 달리, 사실 보잘것없는 투르크계 왕족의 후손에 불과했던 그들의 지도자는 티무르였다. 그는 적들에 의해 절름발이 티무르라고 불렸으며, 후에 서양에는 타메를란이란 별칭으로 알려졌다.

1336년 부하라와 사마르칸트가 속해 있던 중앙 아시아의 트란속사니아에서 태어난 티무르는 어린 시절부터 위대한 전사의 꿈을 키워나갔다. 20대 중반, 그는 화살이 오른쪽 다리를 관통하는 사고로 치료불능의 상처를 입었고 그로 인해 절름발이라는 별명도 얻었다. 하지만 34세에 이르러 대규모의 군대를 총지휘할 정도로 성장했고, 고향에서 자신의 권력기반을 확실히 다졌으며, 평생 숙원인 세계 정복의 도정에 오를 준비도 끝마쳤다. 그는 "하늘에 단 하나의 신이 있는 것처럼, 지상에도 단 하나의 군주가 있어야 한다"고 선포했다.

티무르는 이웃국가인 아프가니스탄과 페르시아를 첫 공략대상으로 삼았고, 그 다음에는 남

꿰뚫는 눈빛과 험악한 인상이 특징인 티무르의 흉상.
이것은 1940년대 티무르의 유해가 발굴된 이후, 그의
두개골을 연구하던 한 러시아 과학자에 의해 만들어졌다.

돔 양식의 대영묘, 샤 이 진다(살아 있는 왕의
성소라는 뜻임)가 사마르칸트의
언덕 정상에 우뚝 서 있다. 티무르는 11세기 때부터
순례장소로 이용되던 이 공동묘지를 그의 가족과
동료들을 위한 왕실 묘지로 개축했다.

티무르 병사들이 고대 페르시아의 도시 하라트를
포위공격하는 장면을 묘사한 15세기 세밀화. 하라트를
점령한 뒤, 그들은 도시를 약탈했고 거대한 청동 문짝 등의
보물들을 사마르칸트로 옮겨갔다.

부 러시아와 수도 바그다드를 포함한 이라크 지역으로 눈을 돌렸다. 1398년, 병력 9만의 티무르 군대는 인도 대부분의 지역을 정복하고 고대 델리를 파괴했다. 그로부터 2년 뒤에는 다마스쿠스와 티플리스 정복에 성공했고, 또다시 1년 뒤에는 아나톨리아의 대부분 지역까지 함락해 버렸다.

이 약탈자 집단이 휩쓸고 지나간 자리에는 늘 죽음과 파괴, 야만적 행위가 뒤따랐다. 오늘날 아프가니스탄 영토에 속하는 사브자와르 마을에서는 주민 2,000여 명을 탑 모양으로 쌓아올린 뒤 흙을 발라 생매장시켰다. 델리에서는 10만 명에 이르는 힌두교 포로들의 목을 치는 데 단 1시간이 걸렸을 뿐만 아니라, 그 두개골로 거대한 피라미드까지 만들었다. 그리고 에게 해 주변의 스미르나에서는 포로들의 잘린 머리통을 포탄으로 사용해 달아나는 기독교 함대를 폭격하기도 했다.

포로들을 다루는 과정에서 드러난 티무르의 잔혹성은 정복지의 약탈행위에서도 똑같이 드러났다. 그는 군사원정이 성공적으로 끝날 때마다 식민지의 건축가와 장인 그리고 상인들을 끌어모은 뒤 토착자원과 보물들과 함께 트란속사니아로 데리고 갔다. 그는 중국과 이어지는 비단길과 사마르칸트의 고대도시 유적을 아우르는 지역에 수도인 신사마르칸트 건설에 착수했다. 후에 이 도시는 중앙아시아에서 가장 멋진 도시이자 티무르 제국의 '눈과 별'로 성장하게 된다.

티무르는 군사원정에 바쳤던 것과 똑같은 열정과 속도를 가지고 도시 재건에 힘썼다. 재 속에서 다시 태어난 불사조처럼, 사마르칸트는 35년 사이에 소도시에서 인구 15만 명이 육박하는 대도시로 성장했다. 화려한 궁전, 우아하고 품위 있는 정원, 시끌벅적한 시장 그리고 위용 있는 청색 타일의 모스크, 마드라사, 대영묘가 우후죽순 생겨났다. 사마르칸트에서는 생포된 인도 코끼리들이 분주하게

웅장한 비비 카눔 모스크 건설 현장에서, 인도의 장인들은 생포된 코끼리의 도움을 받아 거대한 석재를 실어나르기 위해 애쓰고 있다. 티무르가 총애하던 아내의 이름을 딴 이 모스크는 완공하는 데 5년이 걸렸으며, 통치자는 빠른 작업 진행을 위해 돈과 고깃덩어리로 노동자들을 독려했다.

비비 카눔의 터키석 돔은 〈쿠란〉의
구절을 빼곡이 옮겨 적은,
반질반질한 모자이크로 장식된
흙색 톤의 원통형 기반 위에
세워졌다. 1404년에 완공된
이 모스크는 중앙 아시아에서
가장 크고 가장 아름다운
구조물이었다. 한 궁정 연대기 작가는
"천국이 없었다면 비비 카눔 모스크의
돔이 제일 독특했을 것이며, 은하수가
없었다면 이 모스크의 정문이
제일 독특했을 것이다"라고 기록했다.
그러나 부실 공사의 여파로
완공 이후 몇 세기에 걸쳐
많은 부분이 파손되었다.

이곳 저곳으로 커다란 건설자재를 끌고 다녔으며, 석공, 타일에 유약칠을 하는 도공, 비단 직조공, 그밖에 복속지역에서 끌려온 장인들은 이 선택된 도시에 자신의 재능을 바치기 위해 혼신의 힘을 다했다. 사마르칸트 주변에는 이 노동자들이 거주하는 고리 모양의 촌락들이 형성되었는데, 티무르는 비아냥거리듯 바그다드, 다마스쿠스, 시라즈, 델리처럼 그들의 고향을 촌락의 명칭으로 삼았다.

사마르칸트의 신도시 건설이 가열차게 진행되는 동안, 티무르는 수많은 군사원정을 수행하기 위해 먼 곳으로 떠났다. 그러나 1404년 고국으로 돌아온 그는 평소와는 다르게 4개월간을 궁전에 머물렀다. 그의 체류 목적은 중국에 대한 대규모 침략계획을 구상하고, 11세짜리 손자와 다섯 아들의 결혼식 등을 포함한 잇단 축제와 축일을 기회삼아 휴식을 취하기 위함이었다. 초대된 수백 명의 손님들 중 루이 곤잘레스 데 클라비호라는 스페인 사절이 있었는데, 그의 생생한 회고담은 티무르와 그의 궁정 그리고 우아한 '푸른 도시'에 대한 영원한 초상을 제공하기에 충분했다.

곤잘레스 데 클라비호는 "우리는 화려한 궁전 앞 정문 아래 앉아 있는 티무르를 발견했다. 그는 높은 단에 배열해놓은 베개에 몸을 기대었고, 연단 앞에는 빨간 사과가 둥둥 떠다니는 분수가 있었다. 그는 소박한 비단 망토를 걸쳤으며, 머리에는 높다란 흰색 모자를 썼다. 모자 꼭대기에는 첨정(尖晶) 루비가 박혀 있었고, 그밖에 진주와 보석 장식물들이 화려하게 수놓아져 있었다"고 서술했다. 그는 계속해서 티무르의 지성과 자비로움, 티무르 부인들의 미모와 의상 그리고 풍성한 고급 음식과 술에 관해 묘사했다. 티무르는 독실한 무슬림이었지만, 그의 신앙심은 술의 유혹을 물리칠 정도로 깊지는 못했다.

1405년 1월, 주위의 조언과 만류에도 불구하고, 티무르는 생애 마지막 원정으로 남을 군사작전을 감행했다.

악사와 무용수들이 공연을 하고 수행원들이 음식과 음료를 나르고 있는 가운데, 차양이 드리워진 정자 아래서 휴식 중이던 티무르가 1377년에 태어난 아들 샤 루흐를 안으려 하고 있다.
열렬한 체스꾼이던 티무르는 한창 이기고 있던 경기 도중에 아들의 이름을 지었다. 샤 루흐는 페르시아 어로 '장군'이란 뜻이다.

티무르의 대영묘인 구르 이 아미르의 주름 장식 돔이 옥으로 만든 통치자의 묘비 위에 우뚝 솟아 있다. 묘비에는 "오늘날 내가 살아 있다면, 사람들은 모두 벌벌 떨리라!"라는 비문이 새겨져 있다.

하지만 역사상 가장 큰 군사조직을 이끌었던 그도 추위와 나이, 노쇠함 앞에서는 무릎을 꿇을 수밖에 없었다. 중국 땅에 채 닿기도 전에 그는 폐렴에 걸려 운명을 달리했다. 군대 안의 동요를 막기 위해, 향수를 뿌린 그의 시신은 화려하게 장식된 관에 넣은 뒤 사망한 날 밤 사랑하는 그의 조국 사마르칸트에 묻히기 위해 재빨리 보내졌다.

티무르의 죽음으로 하나의 통일제국이었던 그의 정복지는 완전히 와해되었다. 그는 정치적 격동기였던 이슬람 세계에 일시적인 질서를 부여했지만, 그것은 그의 사후에도 지속되지는 못했다. 그러나 그가 남긴 문화유산은 풍성했다. 예술 분야, 그중에서도 특히 정교한 타일 작품과 세밀화는 천문학 분야가 그랬던 것처럼, 후대의 계승자 아래에서도 화려하게 꽃을 피웠다. 그리고 아름다운 사마르칸트는 중앙 아시아의 경제 및 문화 중심지뿐만 아니라 과학·예술의 심장부가 되었다.

이슬람 학교인 마드라사 3개를 측면에 끼고 있는 사마르칸트의 리제스탄 광장은 중앙 아시아에서 가장 웅장한 공공장소로 불린다. 티무르 시대 때, 이 광장은 도시의 중앙시장, 선전포고와 공개 처형의 장소 그리고 승리한 전쟁에서 가져온 전리품과 말뚝에 박힌 적의 머리를 전시하는 장소로 이용되었다.

나우루즈(Nawruz) 7일간 벌어지는 봄 축제로, 새해를 축하(춘분에)하던 페르시아의 세속적 명절이 무슬림들에 의해 성스러운 축제로 승화됨. 이 기간 동안 사람들은 집에 향수를 뿌리고 선물을 교환하며 기쁘게 거리를 활보한다.

네크로폴리스(Necropolis) 특히 고대 도시에 있는 공동묘지를 일컬음.

다르(Dar) '집' 또는 '주거지' 를 뜻함.

다르 알 이슬람(Dar al-Islam) 이슬람의 '주거지'. 이슬람을 국교로 받아들인 나라.

대상(Caravan) 사막을 가로질러 여행하는 여행자와 짐 나르는 짐승들을 특별히 일컫는 말.

동료들(Companions) 무함마드의 최측근. 대개 이슬람으로 개종한 최초의 무슬림들로 이루어짐.

디나르(Dinar) 이슬람 사회에서 통용된 금화.

디램(Dirham) 이슬람 사회에서 통용된 은화.

라마단(Ramadan) 이슬람 력으로 아홉 번째 달에 해당함. 무슬림들은 1개월 동안 해뜰 때부터 해질 때까지 금식·금주를 해야 한다.

마그리브(Maghrib) 서쪽을 뜻함. 북아프리카와 스페인이 속해 있는 서방 이슬람.

마드라사(Madrasa) '학습 장소' 라는 뜻. 주로 모스크에 딸려 있는 고등교육 기관으로, 이슬람 법을 전문적으로 가르치며 모든 무슬림들에게 개방되었다.

마카마(Maqama) 각운체의 산문과 운문이 잡다하게 섞인 아랍 문학의 장르로, 드라마틱한 일화를 담고 있다. 내용보다 양식이 더 강조됨. 복수형은 마카마트임.

마크수라(Maqsura) 칼리프나 막료들을 위해 이슬람 성소에 마련된 별도의 공간.

맘루크(Mamluk) '노예' 또는 '소유물' 을 뜻함. 아바스 계 칼리프를 섬겼던 아시아 출신의 군노들. 1250~1517년까지 이집트와 시리아, 아라비아를 통치했던 맘루크 전사들이 세운 군사정권.

모스크(Mosque) 무슬림들이 함께 모여 기도하는 곳.

무슬림(Muslim) '복종한 자' 라는 아랍 어에서 나옴. 이슬람 추종자.

무알라카트(Muallaqat) 7편의 유명한 송시들로 구성된 아랍 문학 작품집. '걸어놓은 시' 란 뜻으로, 이들은 메카의 카바, 즉 신성한 제단에 걸려 있다고 전해진다.

무에진(Muezzin) 매일 5차례 무슬림 신도들에게 기도 시간을 알리는 소리꾼.

무프티(Mufti) 사람들이 법적 자문을 구할 때 절대적인 의견을 내놓은 이슬람 법 전문가.

미나레트(Minaret) '등대' 를 뜻하는 아랍 어 미나라(minara)에서 나옴. 무슬림들이 모여서 기도하는 모스크에 딸린 높은 첨탑.

미흐나(Mihna) 종교재판소, 고된 시련, 역경. 특히 833년 칼리프 알 아문이 사망하자마자 곧바로 12년간의 종교재판이 시작되었다.

미흐라브(Mihrab) 이슬람 성소에 마련된 벽감으로 키블라, 즉 메카 방향을 가리키고 있다.

바라카(Baraka) 성스런 사람이나 물건 속에 살아 있는 영적인 힘 내지는 은총으로, 축복의 근원이 된다.

베두인 족 아라비아 사막에서 태동한 유목 민족.

베르베르 족 9~12세기 동안 저항과 투쟁을 반복하다 결국 이슬람으로 개종한 북아프리카 출신의 유목 민족. 그들은 이슬람이 사하라 이남의 아프리카 지역까지 교세를 확장하는 데 공헌했다.

사다크(Sadaq) 페르시아 기원의 겨울 축제로 무슬림들에 의해 성스런 축제로 승화됨. 이 기간 동안 사람들은 모닥불을 밝히고 악귀를 물리치기 위해 집에 향을 피운다. '불의 밤'으로도 알려짐.

사라센 중세 유럽에서 무슬림들을 가리키는 공용어.

살라트(Salat) 하루에 5차례 공식적으로 기도를 집전하는 이슬람 지도자. 기도 시간 동안 무슬림들은 메카로 향한 뒤 바닥에 엎드려 유일신인 알라에게 기도를 바친다.

샤리아(Sharia) 〈쿠란〉과 무함마드의 언행록인 〈하디스〉를 토대로 집대성한 이슬람 최고의 법. 이슬람 삶의 방식의 총체.

수니 파(Sunni) '길' 또는 '무함마드의 길'이란 뜻을 지닌 아랍어 수나(sunna)에서 나옴. 칼리프의 역사적 승계를 받아들이고 칼리프의 종교적 권위보다 정치적 권위를 더 강조하는 무슬림 정통파.

수라(Sura) 이슬람의 성스러운 경전인 〈쿠란〉의 장.

수크(Suq) 말 그대로 '시장'을 뜻함. 보통 이슬람 마을이나 도시의 주요 상업 지구를 일컬음.

수피(Sufis) 무슬림 신비주의자 또는 '신의 친구들'로 알려짐. 그들은 셰이크들이 개별적으로 집전하는 의식과 가르침을 통해 신과의 합일을 추구하고, 무슬림과 비무슬림 사회에 있는 대중들에게 이슬람의 메시지를 설파했다. 양모를 뜻하는 아랍 어 수프(suf)에서 나온 말로, 수피들이 입는 조잡한 양모 망토를 말한다.

수피즘(Sufism) 셰이크의 가르침에 중점을 두는 이슬람 신비주의. 12세기경부터 이슬람 세계 전역에서 유행했으며, 조직화된 형제적 유대관계를 형성했다.

술탄(Sultan) 11세기경 독립적인 지방 무슬림 통치자들에게 칼리프가 부여했던 최초의 정치적 직함. 원래 개인에게 부여되었던 이 칭호는 13세기경 일부 지방 왕조들을 특별히 부르는 형태로 사용되다. 1250~1517년까지 이집트, 시리아 그리고 아라비아를 통치했던 맘루크들에 의해 독식됨.

셰이크(Shaykh) '늙은 사람'이란 뜻. 족장. 종교 지도자. 수피 사회의 영적 및 학식 높은 지도자.

시아 파(Shia) '분파'라는 뜻. 칼리프들의 역사적 승계를 거부하고 무함마드의 사촌이자 무함마드의 딸인 파티마의 남편이기도 한 알리와 그의 후손들만이 무함마드의 적법한 계승자라고 주장하는 무슬림 분파. 그들은 또한 칼리프의 정치적 권위보다 종교적 권위를 훨씬 더 강조했다.

슈라(Shura) '위원회' 또는 '협의회'란 뜻. 제2대 이슬람 칼리프인 우마르가 후계자를 결정하기 위해 소집한 6명의 선임위원으로 구성된 위원회.

아답(Adab) 가볍고 우아한 양식으로 예의범절을 가르치는 아랍의 문학 장르. 동물들이 주로 등장인물로 이용된다.

아미르(Amir) '왕족'이라는 뜻. 무슬림 군사령관 또는 지방의 총독을 일컬음.

아바스 두 번째 이슬람 왕조. 통치자인 칼리프들은 무함마드의 숙부인 알 아바스의 후손들이며, 750년부터 1258년까지 바그다드를 거점으로 무슬림 세계를 통치했다.

아스트롤라베(Astrolabe) 무슬림의 발명품으로 6분의(分儀)보다 먼저 나옴. 태양과 그밖의 천체의 고도를 측정하는 데 사용됨.

아흐(Ah) '헤지라 이후'라는 뜻으로, 음력으로 해를 표시하기 위해 숫자와 함께 사용되는 표기법. 이 이슬람 력은 무함마드의 헤지라, 즉 메디나로 이주한 622년을 기점으로 시작된다.

안달루시아 716년경부터 아랍 권에서 통용되었던 스페인의 별칭. 7~13세기 동안 이베리아 반도에서 무슬림의 지배를 받았던 지역.

알라(Allah) 이슬람의 신. 유일신을 뜻함.

예언자 신의 영감에 의해 말하는 자. 신의 뜻을 대신 표현하는 자.

오아시스 사막에 있는 기름진 땅으로, 물이 있기 때문에 농업과 거주지로 적합함.

와탄(Watan) 말 그대로 '출생지' 또는 '고향'을 뜻함.

우드(Ud) 유럽의 류트의 선조격인 아랍 현악기.

우마이야 661년 제4대 칼리프 무아위야가 건국한 최초의 이슬람 왕조로, 750년까지 수도 다마스쿠스에서 통치함. 750년 우마이야 왕조가 아바스 계에 의해 전복되자, 홀로 살아남은 우마이야 계 왕족 하나가 스페인으로 도망친 뒤 그곳에 새로운 왕조를 세웠다. 새 왕조의 통치기간은 756~1031년까지였다.

이맘(Imam) 기도를 집전하는 자. 무슬림 학자에게 수여되는 영예로운 직함. 시아 파 무슬림 공동체의 최고 수장.

이븐(Ibn) '아들'을 뜻함. 아랍 식 이름에서 아버지의 이름을 자신의 이름에 넣고 싶을 때 사용하는 단어. 그밖에 빈과 벤이 있으며, 딸일 경우에는 빈트가 사용됨.

이스마일 파(Ismailis) 8세기 중반에 처음 조직된, 비밀 포교를 내세운 시아의 한 분파로, 909년에서 1171년까지 북아프리카와 이집트를 통치했던 파티마 왕조를 일으켰다.

이슬람(Islam) '복종'이나 '항복'을 뜻함. 유대 교와 기독교와 함께 세계 3대 종교 중 하나로 전지전능한 유일신을 믿는 신앙. 7세기경 아랍 족 사이에서 태동한 이슬람은 불과 1세기 만에 북아프리카, 스페인 그리고 머나먼 동쪽 지방인 중국에까지 퍼져나갔다.

이슬람의 기둥 이슬람의 5개의 주요 의무. 기도, 금식, 기부, 신앙고백 그리고 메카 순례.

장자상속권 첫 번째 자식 또는 장자임. 부모의 전 영지를 물려받는 장자의 권리.

재상 말 그대로 '수상'을 뜻함. 아바스 계 칼리프 시대의 재상을 말함. 나중에는 그보다 좀더 낮은 관료를 상징함.

지하드(Jihad) '투쟁' 또는 '싸움'을 뜻하는 아랍 어. 내적인 약점과의 투쟁. 불신자에 대항하여 싸우는 무슬림들의 성전(聖戰).

진니(Jinn) 정령. 다신교를 믿는 이슬람 이전의 아랍 전설에 나오는 초자연적인 존재. 땅 위에 살고 있고, 야생동물과 뱀의 모습을 하고 있으며, 인간에게 시적 영감을 부여하고 화를 부추긴 자들에게는 해악(종종 죽음이나 광기의 형태)을 끼쳤다고 한다.

체액 혈액, 점액, 황담즙 그리고 흑담즙을 일컬음. 이 4가지 체액은 과거에 인간의 건강을 좌우하는 것으로 여겨졌으며, 고대 그리스 의사들에 의해 맨 처음 주창되었다.

카디(Qadi) 특히 종교법에 기초하여 판결을 내리는 무슬림 재판관.

카시다(Qasida) 장편 서정시. 초기 북아라비아의 문학 장르로, 원래는 구술로 전해졌으며 화려하고 풍성한 운율을 자랑함.

카타이프(Qataif) 밀가루와 아몬드로 만든 중동 지방의 사탕과자.

카바(Kaaba) 이슬람에서 가장 숭배받는 제단. 메카 대모스크 중앙에 위치한 정방형 모양의 건물로, 무슬림들에 따르면 아브라함이 이곳에 유일신을 위한 최초의 성전을 건설했다고 한다.

카와리지 파(Kharijite) '이탈자'를 뜻함. 칼리프는 드높은 신앙심과 도덕성에 기초하여 선출하고, 재위기간 중 윤리에 어긋나는 방종을 부렸다면 무력으로 폐위시켜야 한다고 주장하는 시아의 한 분파.

카티브(Katib) 왕실의 비서 또는 서기.

카프탄(Caftan) 긴 소매에 발복까지 내려오는 로브. 중동과 지중해 세계에서 관례적으로 입던 의복.

칸카(Khnaqah) 수피들의 숙소로 수도원과 비슷하며, 주로 자선행위와 포교활동에 전념했다. 특히 셰이크가 이곳에 거처를 마련하여 제자들을 가르쳤다고 한다.

칼리프(Khaliph) '계승자' 또는 '추종자'를 뜻함. 예언자 무함마드

를 대신하는 최고의 무슬림 지도자로 정치 및 종교적 권위를 지님.

칼리프 직 무함마드를 대신하여 이슬람 세계의 최고 수장으로 등극한 칼리프의 지위와 권력.

쿠란(Quran) '계시' 또는 '암송'을 뜻하는 아랍 어 쿠르안(qur'an)에서 나옴. 이슬람 경전으로 하나님이 천사 가브리엘을 통해 무함마드에게 전달한 계시들로 이루어짐.

키블라(Qibla) 무슬림들이 기도하는 방향. 메카를 일컬음.

터번(Turban) 무슬림 남자들이 쓰는 머리 장식으로, 긴 천을 여러 겹으로 휘감는다.

파트와(Fatwa) 이슬람 법 관점에서 무프티, 즉 박식한 법률 전문가가 내놓는 공식적인 법적 견해.

파티마 왕조 무함마드의 딸인 파티마의 후손임을 주장하는 칼리프들이 세운 왕조로, 909년에서 1171년까지 카이로에서 이집트와 북아프리카를 지배했다.

피트나(Fitna) 불화 또는 내전. 특히 656년 제3대 칼리프인 우스만의 시해 이후 발생한 최초의 무슬림 내전을 일컬음. '유혹'을 뜻하는 아랍 어에서 나온 말로, 여기서는 군사력으로 분쟁을 해결하려는 유혹을 말한다.

하디스(Hadith) '이야기' 또는 '담화'를 뜻함. 무함마드의 삶과 언행을 기록한 전설들의 총체로, 〈쿠란〉 다음으로 권위를 인정받는 이슬람 법과 교의의 근거.

하렘(Harem) 여자 가족들을 위해 집 안에 따로 마련된 은밀한 처소. 이들과 관계가 없는 성인 남자들은 출입을 금했다.

하지브(Hajib) '문지기'란 뜻. 무슬림 통치자의 처소 앞에서 방문객들을 통제했던 시종 관리.

핫즈(Hajj) 메카 순례. 무슬림이라면 일생에 꼭 한 번 실천해야 하는 의무로 해마다 벌어진다.

헤너(Henna) 미용에 사용되는 붉은색 염료로 북아프리카와 아시아 지역에 서식하는 헤나 식물의 잎에서 채취함.

헤지라(Hejira) 622년 무함마드와 그의 추종자들이 메카에서 메디나로 강제 이주한 것을 말함. 그들은 메디나에 최초의 무슬림 사회를 창설했다.

화장먹(Kohl) 흑색 가루로 눈가에 바르는 화장품.

히자브(Hijab) 무슬림 여성들이 공공장소에서 몸을 감싸는 베일. 원래는 예언자 무함마드가 여자 가족들을 격리시키기 위해 집 안에 걸어둔 장막을 가리키던 단어. 나중에 베일을 뜻하는 일반적인 단어로 관용화됨.

히자즈(Hijaz) 메카와 메디나를 포함하는 아라비아 반도의 북서 지방으로 이슬람의 발상지로 유명하다.

힐름(Hilm) 전술, 잔꾀, 인내 그리고 협박을 이용하여 타인을 교묘하게 속이는 기술.

옮긴이_고형지 숙명여자대학교 사학과를 졸업하고 현재 전문 번역가로 활동하고 있다. 옮긴 책으로는《스키피오》《잉카문명》《카르타고》등이 있다.

What Life Was Like 예언자의 땅

초판 1쇄 펴낸 날 _ 2004. 12. 10

지은이 _ 타임라이프 북스
옮긴이 _ 고형지
펴낸이 _ 이광식
편 집 _ 한미경 · 오경화 · 김지연   영 업 _ 윤영민 · 조경자
펴낸곳 _ 도서출판 가람기획   등 록 _ 제13-241(1990. 3. 24)
주 소 _ (121-130)서울시 마포구 구수동 68-8 진영빌딩 4층
전 화 _ (02)3275-2915~7   팩 스 _ (02)3275-2918
전자우편 _ garam815@chollian.net   홈페이지 _ www.garambooks.co.kr

ISBN 89 - 8435 - 183 - 0 (04900)
      89 - 8435 - 172 - 5 (set)
ⓒ 가람기획, 2004

What Life Was Like In the Lands of the Prophet
Edited by Denise Dersin
Original copyright ⓒ 1999 by Direct Holdings Americas Inc.
Korean translation copyright ⓒ 2004 by Garam Publishing Co.
This Korean edition was published by arrangement
with Direct Holdings Americas Inc.
through Best Literary & Rights Agency, Korea
All rights reserved.

* 서점에서 책을 살 수 없는 독자들을 위해 우편판매를 하고 있습니다.
  수   협 093-62-112061(예금주:이광식)
  농   협 374-02-045616(예금주:이광식)
  국민은행 822-21-0090-623(예금주:이광식)